〈リセラ スタイル〉

美肌のレッスン

62歳　素肌のままで、私のままで

ドクターリセラ（株）常務取締役

奥迫協子

大和出版

はじめに

内側から発光する肌づくり

「化粧品会社なのにノーファンデーションってどういうこと？」

よく、こんな質問をされます。

確かに、化粧品といえば「塗ってきれいにする」のが当たり前の世界です。

ドクターリセラも、化粧品会社、スキンケアの会社です。

にもかかわらず、「ノーファンデーションが一番きれい」なんていうキャッチフレーズを使うので、「なんでノーファンデをすすめるの？」と言われるのです。

私自身ももう20数年ノーファンデーションです。今もＵＶケアとポイントメイクだけで過ごしています。

私の中での、ノーファンデーションとは、「素肌」のことであり、「素の自分」でもあるのです。

生まれた時、私たちはみんな素の自分、邪心も裏の心も何もない、無垢な状態で生まれてきました。

でも、成長するにつれて、「〇〇してはいけない」「〇〇したら恥ずかしい」と、知らず知らずのうちにたくさんの心の鎧《よろい》をつけていきます。そして、いつしか世の中の風潮や世間の常識といわれるものや、周りの人たちがよしとするものに合わせて本来の自分を見失っているように感じます。

たとえば、女性は大人になれば、ファンデーションをして社会に出ることが常識のようなもので、もちろんメイクは楽しいものではありますが、多くの女性はファンデーションをつけ、メイクをしています。

肌にファンデーションをつけ、素肌を隠し、おおうことで、心にもファンデーションという鎧がつき、素の自分がだんだん見えなくなっていく氣（129ページ参照）がします。

私が実践してきたスキンケアは、肌（心）にたまった老廃物など不要なものを捨てて、もともとの「肌力（自分の力）」をよみがえらせる美容です。

外側から塗って一時的に隠す潤わすというのが一般的なスキンケア、化粧品の概念ですが、リセラスタイルのスキンケア、化粧品の概念は、自分がもともと持っていた健康で美しい肌に内側から再生する力を引き出すということ。

私自身、本来の肌に生まれ変わって、ファンデーションなしの輝く素肌で過ごせるようになりました。

それと同時に、心のファンデーションも取れ、自分の内側に眠っていた本来の光がとき放たれて内側から発光していくのです。素のままの自分になることで、いろいろな制限からもしがらみからも解放されていくのです。

そうすると、ほんとうの自分が見えてきます。

無理して背伸びしなくてもいいし、見栄を張らなくてもいい。人と比べなくてもいい。自分のままでいいと思えるのです。自分の中にある光が輝いてくるのです。

私は現在62歳、ファンデーションとは無縁のライフスタイルを実現しています。30代の頃は、コンシーラーとファンデーションをいくえにも重ねていた私。そのままならどんどんファンデーションを塗り重ね、今頃は何十構造の自分になっていたかと思うと……想像を絶するものが……。

しかし、肌再生のスキンケアを通して素の自分と出会い、心から愉しく自由に生きられるようになりました。

私だけではありません。肌再生美容で素肌を取り戻して、心や生き方まで自らの力で変えた方たちは、数万人を超える膨大な数になります。

ドクターリセラのスキンケアは、すでに全国3000店舗以上のエステティックサロンで行われていて、エステティシャンやお客様から、肌が変化したことで、そこから人生がどう変わり、周りがどう変わったのか、感動的なお話をたくさんいただいています。

ファンデーションを塗ってメイクしてきれいになって、自信がついたのではなく、素の自分に戻れたから自信がついたのです。

私は自分自身やお客様の体験を通じて、「ノーファンデーションが一番きれい」「素のままの自分が一番きれい」を確信しています。

Ⅱ 本来の「肌力」を目覚めさせよう

III

信じる力がキレイをつくる
肌は〝氣持ちの持ちよう〟しだい

Ⅳ スキンケアは自分を愛する極上時間
日々のお手入れが楽しくなってくる

Ⅴ あなたの肌がよみがえる13のレシピ
肌の力が目覚めるケアのポイント

Ⅵ 〈KYOKOスタイル〉美肌の習慣
自分と向き合い、内側から輝く11のレッスン

Ⅶ ほんとうの「愛」をもたらす美肌人生
素肌のままで、私のままで生きる

構成 長谷川恵子
本文デザイン 倉橋弘（マツダオフィス）
DTP 青木佐和子

I

こうして私は素肌を取り戻した

「5重の厚塗り」が「ノーファンデーション」になるまで

これだ！補正下着のサロンを開店

今の私は、透明感のある素肌を取り戻しただけでなく、心もすっかり素の自分に戻り、いつも自分らしく、ワクワクしながら生活しています。

まずはそんな私自身のことからお話しします。

私は１９６１年生まれ、静岡県浜松市の出身です。

伊勢の伊雑宮のある街に祖先を持つ家系に生まれた私。小さい頃から家の中にある神棚や月のおまつりなど神さまに手を合わせること、敬うことを曽祖母から伝え聞きながら育ってきました。

中学2年生の時、最愛の父が急死、その日まで仲良くしていた親戚の大人たちが、住んでいた土地をめぐって財産争いを始めたのです。父を失い、大人たちの争いを見る中で感じたことは「美しいあり方」とはなんだろうという問いだったのです。

絶望のふちにいる私に追い打ちをかけるように、身なりも暮らしも十分なものを持っている大人たちがわれ先にと目の色を変えて争う姿は、今の私の「**ほんとうの美しさはなんなのか**」**を求める原点**となっていきました。

その後、専業主婦だった母が働きに出て、私立中学に通っていた私はアルバイトと奨学金で学費を捻出。クラブ活動や部活をアルバイトに替え、働いて人に喜ばれる、その嬉しさを知ったのもこの頃でした。

学校を卒業し、銀行でOLとして働いた後、20歳で結婚して専業主婦になり、しばらくは2人の子どもの子育て中心の日々でした。

そんな私に人生の転機が訪れたのは、長男が中学生、長女が小学5年生の時。離婚して、2人の子どもをひとりで育てることになったのです。

特別な技能も資格もない私は、とりあえず派遣で事務の仕事を始めました。

でも、書類を扱うとか計算するとか、そういうことが私にはまったく向いていません。

そこで無謀にも思いついたのが、自分で商売をやること。アホですよね。素人がいきなり商売を始めてうまくいくわけがありません。でも、その時はなんとかなると思っていました。

私が「これだ！」と思ったのは、新聞広告で見つけた当時流行っていた補正下着の販売です。開業資金は、子どもの学資保険を下ろして捻出しました。「これでなんとかするから、ごめんね」と子どもたちの寝顔に謝って。

こうして、故郷である浜松市の中心街に店舗を借りて、補正下着のサロンを開店したのです。

コンシーラー3重＋ファンデーション2重、シミを見つけて厚塗りメイク

主婦として子育てに専念していた頃、とくに肌のトラブルはありませんでした（正確にいえば、ないと思っていました）。CMで知った化粧品を適当に選び、根がおおざっぱな性格なので、日焼け対策のスキンケアもしないでダラダラと毎日を過ごしていました。

ところが、ある日ふと思い立って、明るい太陽光のさす部屋でメイクしようとした時、両頬に大きなシミを発見したのです。

「ウッワァー」「え？　消えない？　え？　これシミ？」とひとりごとを言いながら、何度も鏡を見直しては頬のシミを手でこすってみても消えない……と焦った私。

それまでは薄暗い部屋で、ろくに鏡も見ないでパッパッと簡単にメイクを済ませていたので、まったく氣がつきませんでした。

よく見ると、シミだけでなく、くっきりしたほうれい線や、肌全体が赤茶けてくすんでいることにも氣づきました。

私の厚塗りメイク生活が始まったのはそれからです。

仕事を持つようになり、人目に触れる機会が増えると、トラブルを隠すための厚塗りメイクに拍車がかかりました。

その頃には冬になると「ハタケ」と呼ばれる肌荒れができたり、季節に関係なく、突然吹き出物ができて、あごから頬にかけて広がり、半年間も治らないこともありました。

でも、その頃の一番の悩みは頬のシミ。厚塗りメイクもそれを隠すのが一番の目的でした。

まず、オイル系スキンケアの下地で肌を保湿して、シミの上に、念入りにコンシーラーを塗り込みます。1度目のファンデーションでカバーして、2度目のファンデーションを重ねます。それでもシミが隠れなければ、さらに塗り込んでから、別のコンシーラーを2度塗りします。

ファンデーションやコンシーラーを5回も塗り重ねて、必死にトラブルを隠そうとしていたのです。

「肌が氣になる、下着が売れない」のスパイラル

補正下着のサロンを開いた時も、肌の状態は相変わらずで、厚塗りメイク生活が続いていました。

オイル系のメイクだったので、午後になると皮脂が浮いてきてメイクが崩れてきます。何度も化粧直しをしないと落ち着きません。

お客様と接している時も、**自分の肌が氣になって氣になって、相手の目を見て話すことができない**のです。

今思うと、それも下着が売れなかった理由のひとつだと思います。

扱っていた補正下着は1セット約50万円。着替えと合わせて2セットで100万円という価格のものでした。

戦略もノウハウもない、自信を持って接客もできない。これでは高価な補正下

着が売れるわけがありません。

広告費を節約するために、手づくりのチラシを早朝にポスティングしたり、頑張ってみましたが、まったく状況は変わらず。


閑古鳥が鳴くお店で「なんとかしなきゃ」と焦りのスパイラルに。そんな時、健康食品の営業マンの中津川さんという方が飛び込みでやってきました。

詳しく聞いてみると、ダイエット食品を扱ってみてはどうかとのこと。補正下着もダイエット食品もきれいな体型になりたい女性の夢を叶えるもの。価格も手頃で、それならこの店のピンチを救えるかもしれない、と取扱いを決めたのです。

それが縁で、ドクターリセラの代表、のちに私の夫となる奥迫哲也に会うことにもなりました。

高い化粧品を買っても肌がキレイにならない！

当時、夫は薬局を経営していて、同じダイエット食品を扱っていました。

中津川さんと話していると、たびたび彼の話が出てきて、その「大阪の漢方薬局のご主人」は、次々と新しいアイデアを考えて事業を成功させているといいます。

そしてある日、中津川さんが突然お店に現れて、「その漢方薬局のご主人が、すぐそこのホテルに来ているので会いに行きましょう」と誘われました。

私もそれまで何度もお話を聞いていて、どんな人なのか、どんなふうに成功しているのか興味があったので、お会いすることにしました。

お会いしてみると、まだ30代という若さにまず驚き（年配のおじさんだと勝手に思っていたので）、お話の内容の新鮮さにも驚き、共感しました。

彼の話の中で、「自分の薬局で扱っている化粧品に、どうも納得がいかない」というお話が出てきたのです。

高額な化粧品を買ってもらっても、お手入れ会で見るその女性たちの素肌にはトラブルが目立ち、きれいになってはいないこと、そこに納得ができないこと、お客様に申し訳ない氣持ちが湧くことを話していました。

納得がいかないのは私も同じでした。どんな化粧品を買っても、どんなに頑張ってシミや肌荒れを隠そうとしても、トラブルが増えるだけだったからです。

そして彼の「ほんとうに素肌からきれいになる化粧品を自分でつくってみたい」という話を聞いて、心から共感しワクワクし、私も一緒にその化粧品づくりに加わりたい、夢を叶えたいという想いがふつふつと湧いて止まらず、補正下着が売れなくて暮らしが大変だったのに、無謀にも今度は化粧品の世界に飛び込むことになったのです。

それなら、本物を自分たちでつくるしかない

こうして、奥迫哲也氏と、当時から一緒に事業をしている妹の加代子さん、ダイエット食品を扱う仕事を一緒にしていた二村さん、それに私の4人で、化粧品づくりの夢に向かってスタートすることになりました。

各々がダイエット食品の仕事をしながら、化粧品のことを知るために、いろいろな化粧品工場やメーカーを一緒に回り始めたのです。

製造の現場に触れると、なぜ、化粧品を使っても素肌からきれいになれないのか、その理由もだんだんわかってきました。

たとえば、ヒアルロン酸配合といっても、大きな釜に耳かき数杯分のヒアルロン酸しか入っていないこともあります。また、化粧品の割合の多くは水が占めていますが、中には水道水を使っているところも当時はありました。

化粧品工場の中には、化粧品をつくるための大きな釜があります。その前には配合する原料が並び、その原料は合成香料、合成着色料、石油系合成界面活性剤、防腐剤などなど……。

その原料をなんの疑問もなく配合している現場を見るにつけ、大切な自分の肌につけるものになんの疑いも持っていなかったことが、私の肌トラブルの原因であったことに氣づき、自分がつくるなら、自分だけでなく周りの大切な人たちが使う時に自信を持ってすすめられる製品づくりをしたいという想いがどんどん強くなっていくのでした。

そして、「やっぱり自分たちで本物の化粧品をつくるしかない」と決意したのです。

そんな時、ロサンゼルスでハリウッドスターや政財界の奥様たちの間に流行っているというスキンケアの情報を耳にしました。

アメリカの皮膚科のドクターが開発した医療化粧品です。パンフレットには外国人の方のビフォー・アフターの写真が載っていました。

実は、私が最初に感じたのは「またそういう話？　しかも海外での写真。怪しいなあ」という疑いの氣持ちでした。

それまで何度もそういうたぐいの化粧品に希望を持ち、使ってみてはガッカリ……の繰り返しだったからです。

ところが、その医療化粧品体験者の写真の中に、日本人で、たまたま私たちの共通の知り合いの60代の女性がいたのです。体験後の彼女は、とても60代とは思えないピカピカの肌になっていました。

直接知っている方がそこまできれいになっているのを見ると、もう信じないわけにはいきません。疑いは吹っ飛び、「すごい！」と大感激したのを今でも覚えています。

試してみたアメリカ製スキンケア化粧品のすごい効果

そのすごい化粧品とは「肌再生スキンケア」をうたっている製品でした。

まずは自分たちで体験しようということになりましたが、私だけはなかなか踏み切れません。なぜなら、ビフォー・アフターの記録を残すために、自分の素顔の写真を撮らないといけないからです。

当時の私はファンデーションとコンシーラーの5重塗りでトラブルを隠すことに必死でしたから、素顔など、恥ずかしくてとても人に見せられません。加代子さんに「撮影しよう！」と言われても、その都度ごまかして逃げていたのです。

そうこうしているうちに、先に始めた二村さんと加代子さんに、すぐに変化が現れました。二村さんの頬はたった2日で明らかにリフトアップ。頬にあった1センチほどのシミは、5週間後には跡形もなく消えていました。

加代子さんも、古い角質がどんどんむけてシミやくすみが改善し、つやつやと透明感のある肌になっていたのです。

そんな変化を目の当たりにして、ためらっていた私もついに決心。素顔の写真を撮ってもらい、効果を信じて、この肌再生スキンケアを朝晩欠かさず使うようになりました。

すると2週間目には、まだ赤みがあるものの、キラキラ輝いた肌の自分が鏡の中に！　感動して、いっそう真剣に続けました。

そして1ヶ月半後。悩んでいた両頬の大きなシミがすっかり消えて、ほうれい

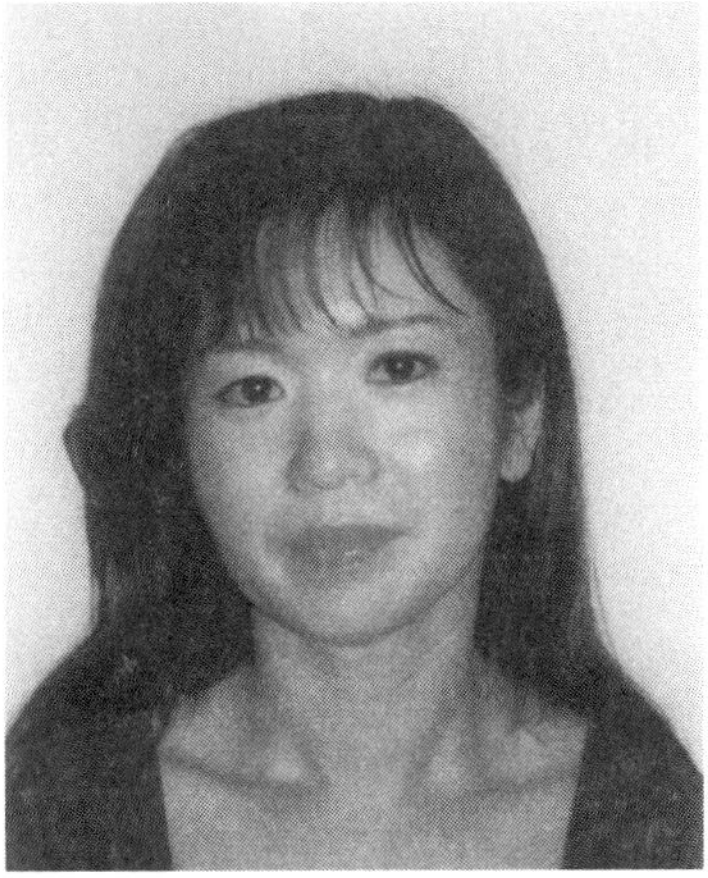

アメリカ製スキンケア化粧品
を試す前に撮った写真

線もほとんどなくなり、顔全体が透明感のある明るい素肌に変わっていたのです！　前の写真と何度も見比べては、飛び上がって喜びました。

「リアクション」は肌の生まれ変わりに必要な現象

肌再生スキンケアのすごさを体験し、感動した私たちは、さっそく活動を開始。製品を輸入し、扱うためにはドクターの協力が必要だったので、協力してくださるドクターを探しました。

でも、たった4人の無名の会社、日本では前例のない肌をよみがえらせるという発想に基づいたスキンケアですから、なかなかお話も聞いていただけません。

その中でただひとり、私たちの熱意に共感してくださったドクターが、宮原誠医師でした。日本人の肌再生の第一人者となり、のちに私たちと共にドクターリセラの製品開発に尽力してくださることになる方です。

宮原医師の協力を得て事業をスタートさせた私たちは、どうにかしてこの製品を早く広めたいと考えて、エステティックサロンを対象に営業活動を始めました。社長の奥迫が「エステティックサロンのお客様は肌のトラブルに悩む方が多いから、お役に立てるはずだ」と考えたからです。

リサーチ、資料づくりに始まって、DMやチラシなどでお問い合せをいただいたエステティックサロンへの訪問を夢中で繰り返し、全国を回ることになりました。

しかし、ここでひとつ問題がありました。肌の再生に伴う「リアクション」という現象です。

「リアクション」とは、肌が変わる時に起こる反応のことであり、個人差はありますがよけいな角質がポロポロと剝がれたり、赤みが出たりする反応です。

エステティシャンが製品を導入する際は、まず自分の顔で試されるのですが、最初はそのリアクションといわれる反応で顔が赤くなり、皮膚がポロポロ剝がれてきてしまいます。

そのため、「これではサロンに接客で出られない」「お客様に紹介できない」とクレームが相次いだのです。

あるエステティックサロンのオーナーから電話があり、「ウチの奥さん（店長）の顔が真っ赤になって皮もむけてるし、どうしてくれるんだ？　今すぐ見に来い!!」と、どなられたこともありました。

こうした現象があることは説明済みでしたが、従来のスキンケアとは異なる皮膚の反応に、皆さんが不安になったのも無理はありません。

私たちは「その状態は一時的なもので、肌の生まれ変わりに必要なこと」と説明を繰り返しました。

日本人の肌に合ったものをつくろう
――ドクターリセラの誕生

そのうちにエステティシャンの肌がきれいに生まれ変わると、その変化を身近で見たスタッフや、お客様も挑戦してくださるようになりました。

ただ、そうした皆さんの声をお聞きして、私たちの心境も変わりました。

「もっと日本人の肌に合った、肌に不要なものは一切排除した、有効成分をふんだんに使った製品を自分たちの手でつくりたい」と思うようになったのです。

「日本人女性のための、安全で結果の出る製品」をつくりたいという想いがどんどん強くなり、膨らんでいきました。

そんな想いを強く持つようになった時、天の計らいのような出会いが次々と起こったのです。

ドクターリセラの化粧品、スキンケアの根幹を成す沖縄海洋深層水との出合い、そして時を同じくして、化粧品づくりの匠《たくみ》ともいえるドクターリセラ製品の生みの親、手嶋健二氏、ドクターリセラ顧問で医師の宮原先生との運命の出会いが用意されていたのです。そして、試行錯誤の末に誕生したのがドクターリセラの化粧品です。

ドクターリセラ（Dr. Recella）の名前の由来は、Reは「再生」、Cellは「細胞」という意味。つまり「細胞を再生する」という意味があります。

リセラは、もともと自分の持っていた才能（細胞）を取り戻して、生まれたての素肌、生まれた時に持ってきた可能性を取り戻していこうという意味を持つ名前です。

以前の社名、株式会社シードから社名変更する際、社名の社内募集がありました。意味を考えた上での名前ではなく、営業中の私の脳裏にふと浮かんできた響きが「リセラ」で、あとから考えたらこんな意味を持つ名前だったのです。

従来の化粧品の考え方のように、油分で一時的に表面が潤っているように見せることは、過保護なお母さんのようなものです。一方、ドクターリセラの製品はその名前の通り、自分がもともと持っていた肌の力を自分で取り戻せるよう育って、自立した子どもをつくる賢いお母さんのようなものです。

はじめは、販売先をエステティックサロンにしたわけ

ドクターリセラの製品は、しばらくの間、輸入化粧品の時と同じく、エステティックサロンを通じてのみお客様にお届けしていました（現在は、公式通販サイトで購入できるホームケア製品もあります）。

当時、販売先をエステティックサロンに絞ったのには理由があります。

ドクターリセラの製品は、肌の新陳代謝を促し、表皮の健全化を目指す、いわばセルフケアのプログラムです。

効果的であるためには、おひとりおひとりの肌質やトラブルに応じたスキンケアの組み合わせや使い方があります。

一般の化粧品と同じような感覚で自己流に使うと、せっかくの肌再生効果が十分に得られない場合もあるのです。

そこでドクターリセラは、自社が認定したエステティックサロン（以下、ＡＤＳサロン）のみで扱える「ＡＤＳ（アドバイザー・ドクター・システム）」を開発し、エステティックサロンとドクターが協力してお客様の肌を改善するスキンケアプログラムをつくり上げました。

そして、ＡＤＳサロンに常駐するエステティシャンのための、「スキンフィットネスカウンセラー（以下、ＳＦＣ）」という専門資格制度も設けました。資格を得たエステティシャンは、ドクターの管理のもとでお客様の肌の改善に携わり、当社が主催する各種講習会でスキルアップを続けていきます。

お客様ひとりひとりの肌の状態に応じて、ドクターリセラ製品の使い方や使用量などを一品ずつていねいに説明し、自宅でのケアとエステティックサロンでのケアを組み合わせ、改善のプロセスをずっと見守っていくのです。

肌の細胞の活性化を促すスキンケアは、今日スタートして明日結果が出るようなものではなく、結果を出すためのプロセスがあって、初めての方は不安を感じる場面も出てきます。

ＡＤＳサロンには、ＡＤＳ製品をはじめとするドクターリセラ製品を自ら体験し、資格を持っているエステティシャン、ＳＦＣがいて、自身の体験と習得した知識と施術でケアにあたるため、お客様は安心して肌の改善に取り組めます。

この製品を人に伝えたい。その人が幸せになるから

当初、全国のエステティックサロンを回ることになったのですが、私自身、営業は未経験。しかも、私には営業しているという意識はまったくなし。

みるみる肌が変わって、少し前まではコンシーラーとファンデーションでシミやニキビを隠していたのが、隠すことなくファンデーションさえいらなくなったという私自身の体験はあまりにも衝撃的で感動的で、とにかく伝えたい一心で全国を回り、次々と契約となっていきました。

肌が変わることで人生観が変わる体験を私だけのものにしておくにはもったいない

なさすぎて、もう、とにかく悩んでいる人すべてにお伝えしたいという氣持ちがふつふつと湧いて、電車やバスに乗っても前に座る女性の肌を見ては「あー、教えてあげたい」、歩けばすれ違う女性の肌を見ては「伝えたい」という衝動にかられるのです。

化粧品業界の常識みたいなものは知らないし、ただ「自分がほんとうにすごいと思っているこの製品を伝えたい。伝えたらその人が幸せになるはず」と、その一心でした。

私自身のビフォー・アフター写真を見せて、「前はこんなふうだったけれど、1ヶ月半でこうなって、今はファンデーションなしです」と話すと、皆さん「えーっ？　そんなうまい話はないよね」と驚かれます。

即契約となることもあれば、疑う人もいましたが、私は断られてもまったくなんとも思わないどころか、「あとできっと氣づく時が来るから、またその時に～!!」とゆるぎない自信がありました。

そうすると、1年後ぐらいに、「あなたがあの時来てくれてずっと思っていたんだけど、やっぱりやりたい」と電話かかってきたりすることもしょっちゅうでした。

営業成績やお給料は考えたこともなく、明細も見たことがない私（今でも）。「人に伝えたい」という一心しかなくて、「今はわからなくてもいつかわかるはず」という根拠のない自信があって、毎日が幸せな氣分で、時間も忘れてしまうほどのフロー状態でした。

1件のエステティックサロンとの契約金は300万円だったのですが、高いと思ったこともありませんでした。なぜなら、お客様の人生を変えられる製品やスキンケアプログラムを取り扱うことはエステティシャンにとってもとてつもない喜びだと信じていたからです。

私から「お願いします」という言葉は出なかったですし、「サンプルを置いていきますのでどうぞ」ということもありませんでした。

「先生がもし使われたかったら、製品を1セット、定価での購入でお客様の氣持ちになっていただいて、ほんとうに納得されたらお取り扱いなさるほうがよいと思いますよ」という感じです。ずいぶん高飛車なようですが、**「一緒に幸せな人をつくっていきたい」という想いを心から伝えました**。

その頃は中学生と高校生の子ども2人を静岡に置いて全国を飛び回り、ほぼ家にいませんでした。でも、私が心からワクワクして仕事している後ろ姿を見れば、子どもにも何かしらは伝わる、と信じていました。

「どうしてそんなに肌がツヤツヤなの？」

日本全国のみならず世界を回り、たくさんの方とのご縁があり、そのたびに私自身に関する質問もよくいただきます。

その中で多いのが、「どうして肌がそんなに艶っぽいの？　その秘訣を教えてほしい」という質問です。

その答えはとてもシンプルで、「もともとの肌、もともとの自分に戻れたから」

なのです。

先ほども書いたように、38歳で肌再生スキンケアと出会うまでは、メイクを落とした私の肌は、トラブルのデパート状態でした。

頬に大きなシミがあって、あごの辺りに30個ぐらい、出ては消え、消えては出てを繰り返す、しつこいニキビがあって。

それと、白っぽくカサカサした「はたけ」といわれるものもあるし、おでこから鼻にかけてのTゾーンはテカテカだし、下まぶたはカサカサ。

でも、その頃はトラブルを隠すことしか思いつかなかったし、まさか肌がよみがえるなんて知らなかったので、ひたすら厚塗りを始めることになりました。

コンシーラーなんて、1週間に1本ぐらいなくなる勢いです。

午後になるとだんだん厚塗りのところにヒビが入ったり、汗をかいたりすると、化粧が溶けてもっとくずれてくるのです。そうするともう1回やり直し。

そんなことで、化粧品を大量に使う毎日でした。しかも、使えば使うほどまたニキビが増えてしまいました。
今考えると、あまり肌が喜ばない成分でできた化粧品を使ってトラブルが出現、それを隠そうとどんどん厚塗りになる。そんな深みにはまっていました。

ところが、肌再生スキンケアを使ってみると、2週間ほどで、大人になってから今まで見たことがないような肌が現れたのです

それまでは、トラブル肌だったせいで自分の肌を直視するのを避けていました。見たくなかったのです。でも、だんだん肌の角質が剥がれ落ちて、肌がよみがえってくるとやっぱり「どうなっているかな」と興味が出てきますよね。

それで鏡を見たら、顔がピカーッと光っているのです。

「こんな肌、今まで見たことがない」と思いました。横にいた子どもも「お母さんどうしたの？　なんかきれい」と言ってくれて。

その時から、「私でもきれいになれるんだ」と心に光がさしたのです。

その時から20年以上経ちます。アメリカ製の肌再生スキンケアを使っていたのは、最初の頃だけ。あとのほとんどの期間はドクターリセラの製品を使っているわけですが、当時の肌をキープしているどころか、その頃よりもさらにみがきがかかっています。

私はほんとうにラッキーでした。肌再生のプログラムと出合ったことで自分自身の肌も人生観も変わりました。

そして、その体験をいつわりなく多くの方々にお伝えすることで、幸せな人が増えることを知り、今日に至るまで、人の喜びを自分の喜びとすることに、私は無上の喜びを感じています。

Ⅱ

本来の「肌力」を目覚めさせよう

「手放す」ことが、なぜ一番大切なのか

「塗って過保護」より「手放して自立」のスキンケア

通常のスキンケアは、いわば過保護なお母さん。肌の一番上層の角質層に水分と油分を与えて、肌を守ろうとします。

そうやっていつも皮膚の表面を保護してもらうと肌はそれに甘えてしまい、一生懸命に細胞をつくらなくなるので、新陳代謝が遅くなります。

すると皮膚の表層にできたシミやくすみが残り、輝きの失われた肌になってしまいます。

肌のターンオーバー（肌の細胞が一定の周期で生まれ変わる仕組み）が正常な若い時から、過保護なスキンケアをしてきた人ほど、その傾向が強いのです。

昔の私もそうでした。過保護なスキンケアを続けて、ずっと肌のトラブルに悩まされていました。

でも、肌再生スキンケアと出合い、肌の細胞そのものが元氣になるスキンケアに方向転換すると、みるみる肌が変わっていきました。

鏡の中に、それまで見たことがないほど輝いた肌の自分を見つけた時の喜びは、今でも忘れられません。

肌再生のプログラムは、古い角質や肌にたまってしまった汚れが剝がれ落ちるように促し、新しい肌に入れ替えてくれます。

そして、もうひとつ大切なポイントは「手放す」ことです。

お肌の中にある「古くなって、いらなくなったもの」を手放すのです。

細胞の力を引き出し、自分本来の肌になっていく

肌が再生し、美しく生まれ変わるのはなぜなのか。

それには、肌の構造からお話ししますね。

肌の内側に真皮層と呼ばれる層があり、その上に表皮層があります。表皮層には、肌が甘やかされてターンオーバーをさぼった末に残ったシミやくすみ、汚れがこもってできた隠れニキビなどがあります。

肌細胞は表皮層の一番下、基底層から生まれます。

生まれた赤ちゃん細胞はどんどん成長して皮膚の上層である角質層に上がり、また次の細胞が成長して上に上がっていきます。

これが繰り返されることで、古い角質やたまってしまった肌の汚れが上に押し上げられ、新しい肌に入れ替わっていくのです。

悩みの種だったシミやくすみがなくなり、代わりに現れる明るく透明感のある肌。それこそが自分本来の肌です。

一時的に油分を塗り重ねて表面的に潤わせるのではなく、自分自身の肌の力を引き出すことで、自分の持っている本来の輝きを取り戻す。そして、それがドクターリセラの肌プログラムです。

これは、人の生き方にも通じていて、私たちが人生の中で積み重ねてきた殻からとき放たれて「素の自分になること」と同じなのです。

「素の自分」って何？

人は生まれる前に今世でのお役目を神さまと約束して生まれてくるという、産婦人科医の池川明先生が制作された映画「かみさまとのやくそく」を見た方もいらっしゃるかと思います。

学校に入り、決められた基準、常識という「枠」の中でのテストや競争の中で、できる子、できない子、いい子、ダメな子、というレッテルができて、それが自分の評価であるように思ったり、その基準に沿って暮らすのが、よい子であり、「こうするのが常識だ」とか「こうしたほうが親にほめられる」とか、どんどん鎧をかぶせられていくことも多いかと。どんどん素の自分から遠くなっていく。

素の自分とは、生まれ持った素直な感覚で生きる自分。でも、鎧をかぶればかぶるほど、外に出せなくなってしまいます。

「こんなことを言ったらダメなんだな」と、自分を抑え込んでしまう。親や先生から認められて、ほめられる生き方がよいと思ってしまう。

人は皆、神さまと約束してきたことが違っていて、それぞれが個性を持って生まれてくるからこそ、自分の能力を与え合って、ジグソーパズルのように美しい絵になっていきます。

だから、素の自分、本来の自分を取り戻していくことが美しい絵のひとつとして輝くと私は思うのです。

「美肌」も「強運」も誰もが生まれながらに持っている

私たちは生まれたこと自体、強い運と使命を持って生まれてきている存在です。

この世に生を受けた誰しも、それはそれはものすごい強運の持ち主なのです。

私は、よく入社式でもこの話をするのですが、1億円の宝くじに当選するのはほんとうにたぐいまれなことで、一生に一度も当たらない人がほとんど。なんと、その1億円の宝くじが100万回連続して当たるぐらいの確率で、私たちは生まれるのだそうです。

1回の受精の時に多くの精子が送られて、その中で最初に卵子までたどり着いた精子が受精して、他にたどり着けなかった精子の代表として生まれてきているのですから。

それから、ご先祖のことを考えてもやっぱり運がいい。今ここにいるひとりの命は、2人の両親、4人のおじいちゃんおばあちゃん、そこからどんどんさかのぼったら、どれだけのご先祖さんの命の連続で生まれてきていることか。

どれだけの生まれなかった命とか、ご先祖さんの思いを託された自分なのかと考えると、運がいいとしか言いようがないですよね。

「生まれた時の確率のすごさや、ご先祖さんからの命のつながりを思うと、今生きている私たちはみんな運がよい」のです。

そして、「私たちは生まれる意味があって生まれてきている」ということです。中学生ぐらいの反抗期になると、「別に、お母さんに産んでって頼んでないわ」なんてよく言うじゃないですか。私も言いましたが。

でも、今思うのは、人は天の意志みたいなものと自分がつながって生まれてきているということです。

ということは、この世に存在するもの、生きとし生けるものは意味があって天から託されて、運よくこの世に生まれてきているのでしょう。

たぐいまれな確率で生まれたこの命は、存在するだけで運がよいことになります。生まれた時に、神さまと約束してきた自分の役割を果たせたら、なんと素敵なことでしょうか？

海のめぐみと山のめぐみをブレンド、奇跡のリセラウォーター

「実践している美肌の習慣は？」というご質問をたくさんいただきます。

その詳しい方法については、あとの章でもご紹介しますが、自分を整える上で欠かせない、また、ドクターリセラの命ともいえる「水」についてお話ししておきましょう。これなくしてはリセラは語れないのです。

私も毎日愛用しているリセラウォーターは、沖縄県久高島の海洋深層水「海のめぐみ」と、和歌山県の清らかな湧き水「山のめぐみ」を最適な比率でブレンドした、パワフルな水です。

清涼飲料水としても、化粧品の基剤としても、肌と体になじみやすい水として使わせてもらっています。

このリセラウォーターができた時、神戸大学大学院農学研究科アクアフォトミクス研究分野のツェンコヴァ特命教授にアクアフォトミクス分析をしていただきました。

そして、海の水と山の水がちょうどよいブレンドで合わさった水をグラフ（アクアグラム®）にすると、まん丸の、とてもきれいな形になることがわかりました。

つまり、リセラウォーターはさまざまな水の分子構造がバランスよく整った水であることのエビデンスが出たのです。

水のブレンド、水合わせというのは実は難しくて、力のある水同士でも合わないことが多いのだそうです。

幸い、今回の海洋深層水と山の湧き水の相性はぴったりで、細胞への浸透性が素晴らしいものができました。

シミ、シワ、ニキビの悩みにさようなら。海洋深層水でつくった化粧品

水は、化粧品のほとんどを占めている成分です。一般的な製品は、精製水などの水と油を混ぜて、混ぜる時には石油系の合成界面活性剤を使って乳化してつくられます。

私たちは、スキンケア製品の開発を始めた初期に「大切なのは水」ということに氣づいたので、まず沖縄の糸満沖で取水した海洋深層水とやんばるの名水だけを使って製品をつくったところ、それが素晴らしい結果を生みました。

その水がブースターになって必要な成分が肌に行きわたりやすくなる、つまり肌環境を元氣にする水だとわかったのです。

その水が持つ肌環境を元氣にする力、清浄作用、整肌作用については、医学の分野でも学会発表されています。

こうした特性があるので、この水に天然のビタミンAなどの天然成分を加えると、それが肌に行きわたり、細胞が元氣になることでいらないものが出ていきます。その結果、シミやシワ、ニキビなどが氣にならなくなっていくのです。

そしてさらに、神の島といわれる沖縄県久高島沖の海洋深層水と、空海が「後の世の人を助ける水が湧く」と予言した和歌山県高野山のふもと、ゆの里に湧く鉱水をブレンドした水を用いた新しいスキンケアも生まれました。

アクアコンパス

ドクターリセラには「アクアコンパス」という指針があります。

・「水」のように多様性をはぐくみ、細き流れが大河となり光輝く。
・「水」のように透明に、信頼の器を広げる。
・「水」のように「なくてはならない存在」として潤し続ける。
・「水」のようにシンプルにあり続ける。
・「水」のように「しずく」となり波紋を広げる。

私自身、この指針に沿って「みこころ道」というライフスタイルを提唱しています。みこころとは、

「水心」水の心

「自心」自らの心
「満心」満ちる心
「美心」美しい心
「御心」神の心
「聖心」聖なる心

すべて「みこころ」と読みます。
「水」のように透明な心で、「自」らを「満」たすことが「聖」なる「美」しい肌と心をつくる、という意味で名づけました。

水はすべてのものの中に存在し、光と氣を投影するもの。自分自身も水のような存在でありたいと思います。

III

信じる力がキレイをつくる

肌は〝氣持ちの持ちよう〟しだい

「どんどんキレイになる人」の法則

エステティシャンの皆様と、お客様の本来の肌へ導くための勉強会を定期的に行っています。そこで毎回、必ず出てくるお話があります。

それは、同じドクターリセラの製品を使っても、人によって結果が出るスピードに違いが出ることです。

エステティシャンの皆様は、口を揃えて言うのです。

「皆さん、肌の改善結果は出ています。でも、『これできれいになるんだ』と心から信じて素直に使う方がはるかに早く、しかも『ここまで？』と驚くほどの結果が出ます」

スキンケア、エステティシャンを信じ、未来の自分の姿を信じて使うこと。それが早い結果への近道です。

「ありがとう、ありがとう」セルフケアで結果を出す方法

セルフケアに関しても、自分の氣持ちを入れることで結果は変わります。

クレンジングする時も、塗る時も、氣持ちをおだやかに、そして自分の肌に心を向けて「入っていってね」という氣持ちを込めて、ていねいに浸透を促します。

クレンジングでいらないものを出す時には、「ありがとう、ありがとう、今まで私の中で活躍してくれて、ありがとう」と感謝しながら、肌を守ってくれた角質の老廃物を取っていきます。

以前の私は、「汚れはクレンジングをしなくても石けんで落とせばいいし、化粧品も、ただ塗ればいい」と思っていて、氣持ちを入れるという考えはまったく存在しなかったのです。

たくさんの肌トラブルに見舞われていたのは、そういうことも原因だったと氣

づくことができました。

今は、自分の肌をいたわっていくことや、自分を愛していくことの大切さを身をもって実感しています。

スキンケアは「素の自分」と向き合う時間

女性は忙しいですから、あまり自分にかける時間がないという人も多いですよね。でも、5分でも大丈夫。自分と向き合う時間、自分をいつくしむ時間としてスキンケアを愉しんでみてください。

スキンケアは「自分と向き合う時間」なのです。

日本の女性はとくに、自分の時間より人のことを優先にしがち。

家事や育児、親の介護などに時間を取られ、自分に向き合う時間がほとんどない女性がとても多いですよね。

でも、大切な人のためには、まず自分を愛して自分を満たすことと私は思っています。そうすることで自分の心に余裕が生まれ、人にも与えられる自分になれます。

たとえば、日常を離れてリフレッシュするためのリトリートなどに参加することで、自分を見つめ、自分を満たす時間をつくったり、時間が取れない方でも、自分を満たす時間をつくる方法はあります。

一日のたった5分のクレンジングでも自分を見つめて、自分の内側と向き合うスキンケアの時間を持つことです。

YouTubeで配信している「みここロミっと」でご一緒させていただいている、元世界銀行・人事カウンセラーの中野裕弓さんも、自分の心を満たすことを、コーヒーカップに愛を満たすことになぞらえて、「愛のコーヒーカップ」とおっしゃっています。

まず、自分を満たしてあふれさせる、そして、あふれたものが人に幸せを与えられるのです。

肌が変わる、自分が変わる、人生が変わる

この仕事につく前、補正下着の販売店を経営していた頃は、時間的にも精神的にも余裕がありませんでした。子どもたちとの生活をなんとかしないといけない、それだけでした。

でも、海外の肌再生スキンケアに出合って肌の悩みがなくなってくると、精神面でも変化が生まれました。

だんだん自分の肌が変わってきている。

それまでは鏡なんて見たくなかったのに、鏡を見る時間、自分に向き合う時間がどんどん増えてくるわけです。

同じ経験がある方もいらっしゃるでしょう。

「あ、ここのシミがなくなった」「ニキビがなくなっているわ」と氣づくと、だ

んだん自分の顔を鏡でしっかり見つめるようになって、肌の変化もよくわかってきます。

そうすると、今度は髪も変えてみようかなとか、服も、目立ちたくないから地味な服を着ていたのが、「春色の服が着たいな」と思うようになったりします。私がピンク色の服を着るようになったのもその頃です。

だんだん自分というものが見えてきて、「こうしたらもっと自分がウキウキするな」とわかるのです。

そうすると不思議なことに、周りへの意識も違ってきたりします。

周りの人のことも氣にならないし、優しい言葉をかけられる自分になっていたのです。

エステで肌のトラブルが氣にならなくなった方たちも、お手紙を寄せてくださるのですが、やはりそういう変化が如実に表れています。

「『自分なんて』と思っていたけれど、肌が変わることによってすごく優しくなれて、子どもたちや夫にも優しくなれた」と。

まず自分を満たすこと。それが周りの人への愛のもとになるのです。

こうしてクレンジングや洗顔が楽しくなってくる

もともと、私たちの化粧品のコンセプトは、「巻き戻す肌時間」でした。ドクターリセラ（Re＋Cell：細胞を再生する）の名前のように、誰もが本来の自分の姿に戻っていくのです。

そうすると、疲れていても、クレンジングや洗顔やマッサージの時間をつくることが苦にならなくなるし、その時間を楽しめるようになります。

たとえ5分だけでも自分に目を向ける。

それは「瞑想」のようなもの。

また、ちょっと面倒だなと思った時でも、自分と向き合ってお手入れすることで、自分自身を好きになれたりします。

その心が自分の手を通して、肌の毛穴だけでなく、心の毛穴の中のいらないものも洗い流していくのです。

直感を信じる。迷ったら自分の心に聞いてみよう

私は、昔から人に相談することはほとんどありませんでした。

私自身は、母親と妹と私の3人暮らしで、学校も女子高で、ずっと女性の世界で生きていました。

ただ、特定の誰かと何をするのも一緒のようなおつきあいの仕方が苦手。人に何かを相談するというより、常に自分の心に聞いて行動します。

どんな結果が出ても、すべて自分の判断だから納得できるのです。

私が自分の心に聞いて決めるのは、親がそうしてくれたのかもしれません。

母は、父が旅立った後、何かにつけて「困った」と言うのが口癖で、「困ったね」と言われて、私が同調していると、ますます深みに入るので、なんの根拠もないけれど「大丈夫」「なんにも心配ないよ」と答えていました。

そうすると、不思議なもので、大丈夫なようになってくるし。あとから思うと、親が私を「自分で決める」自分にしてくれたと感謝しています。

相談するのはいつも自分の心。それがいつしか習慣になっていたように思います。

マイナスに思えたことをプラスにとらえる習慣

毎日、当社の朝礼で、みんなで「グッドアンドニュー」という発表をしていた時期があります。

24時間以内に起こった、嬉しかったことや新しいプライベートなニュースを、少人数で発表し合うのですが、それが習慣になると、マイナスに思える出来事も、プラスにとらえられるようになってくるのです。

たとえば、今日出社する時に、自宅の玄関先でヒールが折れたとします。

「えー、なんで今？　もう、朝からついてないわ」と思いますよね。

でも、それが思いようによって、プラスに思えてくるのです。

「出先で折れるより、玄関先で折れてくれたほうが、すぐ靴を取り替えられるし、よかった。私ってなんてラッキーなの」

そういう訓練をしていると、日常でもそういう癖がついてくるのです。

たとえば車をどこかにぶつけたりして、修理しないといけない。

そんな時でも「死ななくてよかった、命があってよかったよね」とほんとうに心から喜べるようになってきます。

「こんなに小さくへこんだぐらいで済んで」とか、「あと20キロスピードを出していたら死んでいたかもしれないし」とか。

会社の中でも、「そんないいことばっかりあるわけないじゃない」と言っていた人が、だんだんプラスに言い換えられる習慣がつくのです。

それが習慣化すると、なんでもよかったようにとらえられるし、今振り返ると、私も父親が早く亡くなったり、相続争いに巻き込まれたことも全部、今の私をつくってくれています。現象はひとつでも、とらえ方しだいでどうにでもなることを知ったのです。

Ⅳ

スキンケアは自分を愛する極上時間

日々のお手入れが楽しくなってくる

空にするから欲しいもの、新しいものが入ってくる

私が肌のケアで一番大切にしていることは、クレンジングです。手放すことから始めます。

一般的な美容では、よい成分を入れること、取り込むことに集中しがちですね。ただ、入れる前にはそこを空にしておくことです。

もしも両手に荷物をいっぱい持っていたら、欲しいものが降ってきても受け止められないですね。自分の手に持っているものを手放しておくと、そこにはしっかりと受け止められる器ができるのです。

肌を元氣にしてくれる成分がどんどん入ってきますよ。

心の中もそうですよね、しなくてもいい我慢とかこだわりとか、いろんなものが詰まっていたら、ここぞという時に欲しいものをキャッチしにくくなってしま

います。

クレンジング剤を手のひらにのせて温める
――毛穴を開かせるヒント

実際に、クレンジングで毛穴にたまっていた老廃物を出すために、まず必要なのは、毛穴を開かせることです。

毛穴を開かせる方法としては、私の場合はお風呂と「セルビースキン」というドクターリセラ製品の美顔器を使いますが、エステティックサロンだとスチーマーの蒸氣を当てて毛穴を開かせますね。

それからクレンジング剤を手のひらにのせて温めます。冷たいまま肌にのせてしまうと毛穴が閉じてしまいがちなので、優しく温めましょう。

クレンジング剤が温まったら、ひたい、両頬、鼻の上、あごの5か所にそっと伸ばしていきます。

この時、ギュッギュッと力を入れるというより、肌に触れるか触れないかぐらいのイメージで「頑張った私の肌、ありがとう、おつかれさまー」という氣持ちで、優しく肌の表面をなで続けます。

そうすると、クレンジング剤の水分が肌の中の油分と反応して、毛穴の中から油分が出てきます。肌にのせた時は透明だったものが、水分と油分が乳化されて白くなったら、いらない油が出てきたサインなので、そこで洗い流します。

いらなくなったものを捨てることを「断捨離」といいますが、私はこのクレンジングと洗顔を「感謝離」と名づけています。頑張った肌、毛穴に感謝を込めて。

肌を揺らさない
——洗顔料を洗い流すコツ

洗い流す時のコツは、「肌を揺らさない」ことです。

クレンジングをする時もソープで洗顔する時も、基本は同じです。

自分の肌をスポンジケーキやお豆腐みたいに扱うのがコツです。こすらずに、洗面器の中に入れたぬるま湯で、優しく優しく洗っていきます。ぬるま湯をポンッとかけてあげて、摩擦がほとんどないように。

そうやって今日もよく頑張ったね、と、自分をほめて、いたわる洗顔をしていきましょう。

日中、人のことや家族のことばかり考えて生活していますよね。

でもスキンケアの時間だけは、自分の大切な肌と、心と向き合う時間にしてほしいのです。

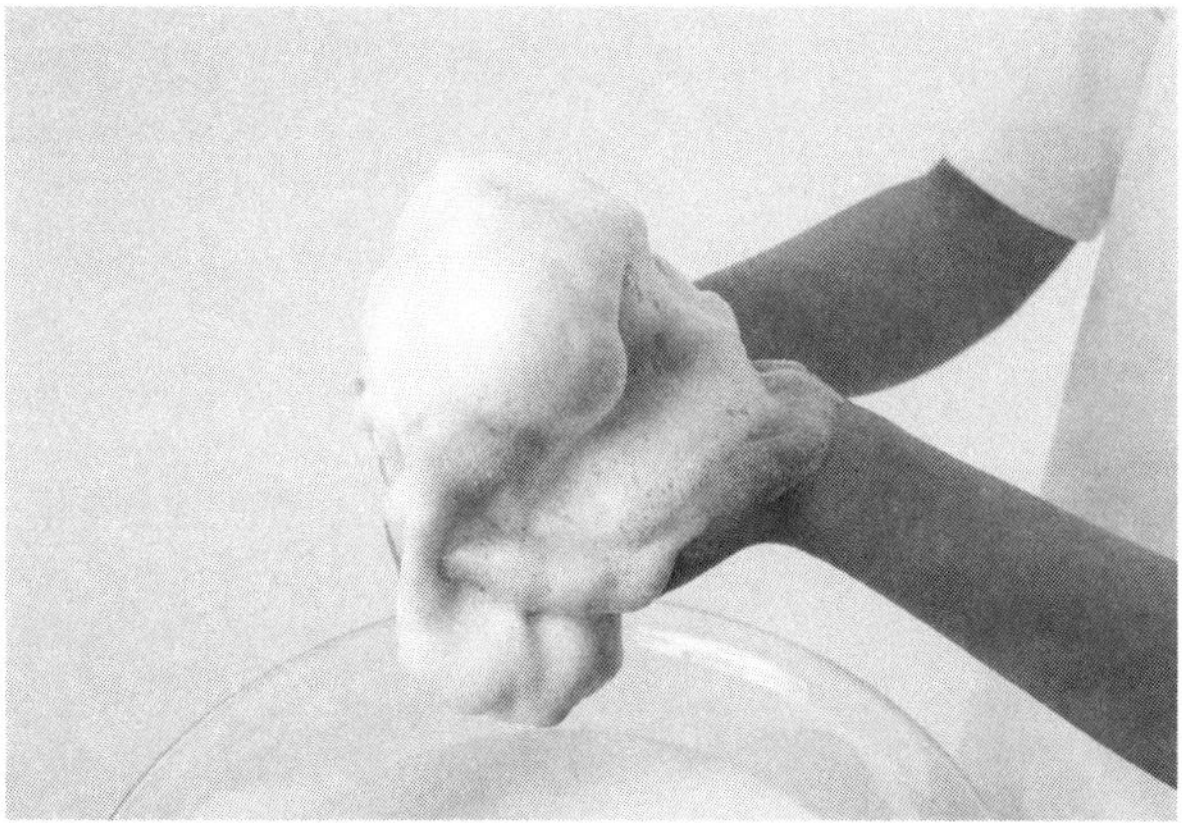

洗顔の際は、りんご1個分の泡を泡立てて洗顔します

「優しく自分を包み込むような洗顔」が自然にできるようになる時が、自分にも優しくなれる時なのかもしれません。

毛穴の中まで入っても大丈夫？ ――クレンジング剤、洗顔料の選び方

クレンジング剤や洗顔料はもちろん、スキンケア化粧品を選ぶ時は、「自分の大事な肌の中、毛穴の中まで入っても大丈夫なものなのか」という見極めが必要です。

そう考えると、なるべく肌によい成分由来のものがいいとか、おのずとアイテムの選定がしやすくなってきます。

石油系界面活性剤や合成香料や合成着色料などの入ったものを肌につけることで、体内に蓄積されていくということ。

食品なら口から入って肝臓や腎臓で解毒されていきますが、皮膚から吸収され

た場合は、解毒されずに、子宮など脂肪の多いところにたまってしまうのです。

クレンジング剤や洗顔ソープを流した排水は、川に流れ、海に流れ、地球に返っていきます。そして、その環境は次世代に引き継がれていくことを考えれば、何を選ぶか、どんなものを使うかは自然とわかるはずです。

自分の肌が喜ぶものは、イコール地球も喜ぶものなのです。

人間も地球の一部、自然の一部。

私たちが、添加物を使わない化粧品を発売した頃は、世間ではあまりそういう認識が薄かった頃です。今やっとそういう時代になってきていると感じます。

ただ、ひと口に添加物といっても、何を基準に判断すればいいの？　と疑問を持つ方も多いと思います。

大切なのは、パッケージの裏側に書かれている成分を見ることです。これは化粧品にだけでなく、食品でもなんでもいわれていることですね。

成分名はたいていカタカナで書かれていて、無添加の天然のものでも、化学物質のように見えることもあります。

でも今は、ネットを使えばそれが何に由来する成分なのか簡単に調べられるし、カタログやホームページなどに明記しているメーカーさんもありますね。

ドクターリセラの製品では、成分の由来まで明記しています。

肌が喜ぶ天然由来の成分は、それが排水となった時、川や海、地球も喜ぶものとなって循環していくことになります。

どうして洗顔の後にトーニングローションを使うのか?

一般的には、「洗顔の後には保湿成分をなるべくたくさん肌に入れるのがいい」とされていますよね。

でも、肌再生プログラムで使用するADS製品の場合、洗顔後にはさらっとしたトーニングローションをなるべく少量、その人の肌の状態に合った量だけを入れていきます。

その後の美容液も、真珠粒1粒分か2粒分とか、米粒1粒分とか、そういう単位で入れ込みます。少量でも、いかに肌の中に浸透させ、自分自身の肌を取り戻していくかが重要なのです。ですから、もちろん必要な保湿はしますが、どちらかというと乾燥ぎみにしておきます。

肌が潤っていると、過保護なお母さんがそばにいるのと同じで、自分で自立しよう再生しようとする力が弱まってしまうからです。逆になるべく外からの潤いを足さない状態にするほうが、肌が自立し、育っていくわけです。

人間は、もともと、再生力とか自分で

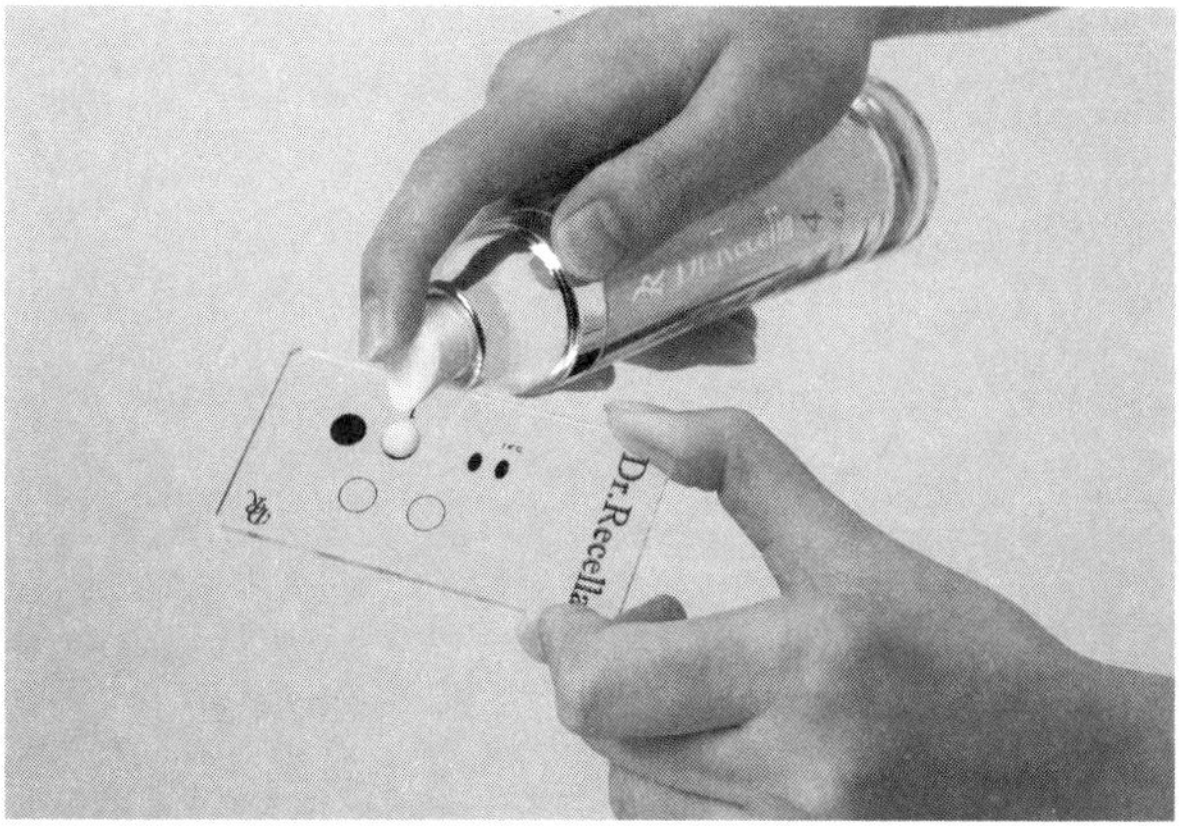

ADS 製品は、このプレートで量った正確な分量を使用します

潤う力を持っています。赤ちゃんの頃とか小学生の頃は、何もしなくても肌がしっとり潤っていますよね。

でも、だんだん成長するうちに、その力がなくなっていきます。女性はとくにオイルなどで肌の表面を潤す習慣があるので、自分で新しい肌に生まれ変わらせる力を失いがちです。

正常な新陳代謝が行われれば、肌は再生力を取り戻します。シミやニキビを閉じ込めている古い角質もどんどん押し出されて剝がれ落ちてくれます。

肌本来の力を戻していくために、洗顔後には必要以上の保湿はせず、少量の成分でも浸透しやすい肌をつくっていきます。

このように、ドクターリセラのＡＤＳは肌の再生プログラムなので、ちょっと特殊な使い方といえるかもしれません。

その時の自分の肌と相談して、肌の力を信じて、あまり過度なケアはしない。それがドクターリセラの肌を育てる考え方です。

「たくさん使って保湿しましょう、シミがあれば隠しましょう」という、一般的な化粧品の概念とは真逆のことを言っていますが、**自分自身の持っている肌の力を取り戻して、素肌の自分に戻る喜びを味わってほしい**と心から願っています。

ローションのパッティングはオーガニックコットンで

ローションをパッティングする時は、オーガニックコットンを使うことをおすすめしています。パッティングと書きましたが、パッティングには肌を叩くイメージがあるため、ドクターリセラでは塗布という言い方をすすめています。

パッティングでは、手は洗ってあってもやはり菌がついているので、きれいな状態のオーガニックコットンを使うほうが肌が喜びますね。

ただ、一番大切なのは「楽しんでやる」ということです。

何かの都合でできない日もあるし、コットンがない時もあるし、でも、原則がわかっていれば大丈夫。あまり神経質になる必要はありません。

きっちりルールを守らなくてはいけない、守れなかったというストレスを感じるよりも、**「スキンケアが楽しいな」と楽しむことのほうがずっと大事**です。心が喜ぶことが肌の美しさとは連動していますから。

ノーファンデーションであろうが、なかろうが、日焼け止めをお忘れなく

メイクでは「塗って隠す」という常識が一般的ですが、今の私はスキンケアだけを日課にして、ファンデーションを使わずに日焼け止めとポイントメイクだけで過ごしています。

ただし、日焼け止めは忘れないようにします。

紫外線も太陽の恵みですから、本来はありがたいものです。ビタミンDが合成されるのも紫外線のおかげ。そうした太陽の恵みを享受しながら老化を防ぐために「日焼け止め」は欠かせない存在。

ただひと口に日焼け止めといっても、オイル分をたくさん含んでいたり、肌に負担をかける成分が入っていたりなど、本来、肌を守るためのものが逆効果ということもありますので、やはり成分を見極めることは大切です。

肌をいとおしむその時間で自分が好きになる

もともと私たちの化粧品のコンセプトは、「巻き戻す肌時間」というものです。正しい方法で使うことによって、リセラ（Re＋Cell：細胞を再生する）の名前の通り、本来の自分の姿に戻っていくのです。

そうすると、自分の肌がいとおしくなります。

たとえば疲れて家に帰ってきた時も、きちんとメイクを落として洗顔するのが苦にならないどころか楽しくなっている自分に氣づきます。

ほんの少しの時間でいいから自分に目を向ける、それが「瞑想」みたいな時間になります。

逆に、ちょっと面倒くさいかなと思っても、自分と向き合ってお手入れすることで自分をもっと好きになれるのです。

たっぷり愛情を込めて。自分の肌をケアしてあげましょう。

V

あなたの肌がよみがえる13のレシピ

肌の力が目覚めるケアのポイント

私は肌が変わって、素の自分を発見できました。

私が素肌を取り戻したレシピを公開します!

自分の中に眠る本当の自分に出会うためのヒントになれば幸いです。

Recipe1

「保湿する」「隠す」「補う」から「肌力を引き出す」へ

スキンケアは保湿するもの。化粧品は自分の欠点を隠すもの補うもの。私はそう信じて、来る日も来る日も「保湿する」「隠す」「補う」を繰り返していました。

年齢を重ねれば重ねるほど、どんどん厚くなっていく隠すメイク。どんどんかさむ隠すための化粧品代。そんなスパイラルに入っていました。

ドクターリセラのスキンケア、化粧品は、自分が子どもの時に持っていた健康で美しい肌に戻して、自分がもともと持っていた肌の力を引き出すためのスキンケアなのです。

Re＝再生
Cell＝細胞
ドクターリセラ（Dr.Recella）の社名にはそんな想いが入っています。

Recipe2

同じ理念で貫かれた同じラインの製品を選ぶ

以前の私は、洗顔料はどうせ洗い流すんだからなんでも大丈夫、なるべく手頃な値段のメーカーのお品、テレビのCMで見たオイルたっぷりの保湿クリームで潤わせてなどなど……。鏡の前にあるスキンケア製品はバラバラでした。そんなお手入れをしていた私の肌は無残な状態に。
ドクターリセラのスキンケア製品は、トータルで結果を出すためのプログラムがドクターや開発チームによって考えられています。

たとえば、洗顔と化粧水で肌のpHバランスを整えておくことで、あとから肌に塗る美容液が効率よく肌に浸透しやすい状態に準備してくれるのです。

染み込んだスキンケア製品によって、肌は力を発揮しようと活性化するのですが、そこにたとえば別コンセプトのオイル分たっぷりの保湿クリームを塗ったとすると、肌にオイルでふたをした状態になるので、自立が妨げられて期待した結果が出にくくなってくるのです。

せっかく期待して購入を決めたスキンケア製品なのに、中にひとつでも別のコンセプトのスキンケア製品が入ることによって、ベストな結果が出てこない場合が多いのです。

化粧品を効率よく肌の中に入れられるようにと、各メーカーは考えてラインを出しています（と思います）。少なくともドクターリセラはそうです。

スキンケア製品は、同じメーカーの同じ理念で考えられたスキンケアラインを使うことをおすすめします。それが素肌への近道です。

Recipe3

肌育ては子育てと同じ。自立させ、ぷるぷるの肌を

「肌に潤いを」というフレーズはスキンケアでは当たり前のように使われています。

ただ、潤いをもたらすものを外に求めるのか、内側からあふれるものなのか、そこで大きな違いが生まれます。

潤いをもたらすものを外に求めるのは、前にも述べましたが、子育てでいうならば、子どもが心配でなんでも先回りしてやってしまう、過保護なお母さん。そうすると子どもは甘えて、自分で成長することを忘れてしまいます。

ドクターリセラのスキンケアは過保護なお母さんではなく、自立した子どもを育てるかのように肌を育てるスキンケアなのです。

表面を一時的に潤わせても、子どもも肌も甘えるのが習慣になっていると、自

分でなんとかしようとする力を失います。

子どもの頃は、顔を洗ってそのままにしていても、水分や皮脂が自分でつくられて、ぷるぷるの肌になっているのです。

そして、シミやニキビがある子どもはあまり見たことがありません。それは自分の力でターンオーバーができているからなのです。

子どもの頃のその肌の力を取り戻せば、自分の力で自立することができるのです。大切なのは肌育てです。

Recipe4

パッケージの裏を見る習慣をつけよう

化粧品は大切な自分の肌に塗るものです。成分表示を見ていますか？

以前の私はその成分表示を見ても内容がよくわからないこともあって、見て見ぬふりをしていました。

でも、化粧品業界に入り、成分を調べていくと、自分の肌や大切な人の肌の中に入ってほしくない成分が羅列してありました。ショッキングなことでした。

化粧品に限らず食品もですが、パッケージの裏に表示されている内容成分を確認することをおすすめします。

ドクターリセラの製品はすべて内容成分とその由来まで記載しています。大切な自分や大切な家族を守るためにも、パッケージの裏の成分表示を見る習慣をつけましょう。

Recipe5

目には見えない「経皮吸収」に氣をつける

経皮吸収という言葉をご存じの方も多いと思います。石油系の合成界面活性剤は皮膚を通して人間の体の中に知らず知らずのうちに入っていきます。

肌の一番柔らかい経皮吸収しやすい部分、腕の内側を1として経皮吸収の倍率を見ると、頬や舌下は13倍です。デリケートゾーンは42倍です。

石油系合成界面活性剤は、肌を通して脳や子宮など脂肪が多いところにたまりやすいといわれています。その子宮の羊水の負担がアトピー性皮膚炎などの原因になっているともいわれています。

目に見えないからこそ、私たちは、化粧品や生活用品を選ぶ時には、子どもや孫たち、大切な方々が安心して使えるように、環境に優しい排水ができる石油系合成界面活性剤の使われていない天然成分だけでできたドクターリセラの製品をつくっているのです。化粧品会社なのに生活用品までつくっているのはなぜ？と聞かれますが、そういうわけからです。

Recipe6

一生のうちに食べてしまっている口紅の数は？

女性は毎日のメイクで口紅を使いますよね。そして一日に何回か塗り直しをしますよね。

その口紅ですが、一生涯で何本分の口紅を食べてしまっているかご存じですか？

一説によると、女性が生涯にメイクを介して食べてしまっている口紅の量はおよそ5～10本分。

多い人になると30～50本分にもなるそうです。

しかも口紅は、石油の廃油が原料となっていたり、発色をよくするためにタール系色素が含まれているものも多いのです。

それが知らず知らずに少しずつ口から体内に入っているとしたら……。


ドクターリセラは、石油系由来のものや添加物を一切使わないで、メイク用品ができたらと試行錯誤を繰り返して、天然成分だけのメイク製品をつくりました。

スキンケアだけではなく、メイク製品も肌が喜ぶものを、赤ちゃんに頬ずりしても安心なものを、という想いでつくっています。

Recipe7

シャンプーからタオルまで肌に触れるものすべてに注意を払おう

当たり前ですが、肌は1枚の皮膚という皮でできています。

スキンケアで添加物のないものを使っていても、地肌に使うシャンプーやコンディショナー、体に使うボディーソープ、肌を拭くタオル、肌を包む服、すべて同じ肌に使う、そして肌に触れるものです。

スキンケアに限らず、同じ肌に使うものは添加物のない安心なものを使っています。それは肌が喜ぶからです。そして排水された時、地球も喜ぶのです。

そしてめぐりめぐって自分に、さらに未来の子どもたちに引きつがれるのです。

Recipe8

スキンケアは
クレンジングがかなめ

スキンケアでとくに大切にしていること。それは手放すこと。クレンジングです。

クレンジングについては前の章で詳しく説明しましたが、とても大切なので、ここではその要点を「肌をよみがえらせるレシピ」として、再度述べておきます。

まず、毛穴を開かせることです。そのために肌を温めます。クレンジング剤が冷たいままだと毛穴が閉じでしまいがちなので、これも手のひらにのせて温めます。

その上で、クレンジング剤を伸ばした肌をやさしくなで続けます。

クレンジング剤にしても洗顔料にしても、洗い流す時に心がけたいのは「お肌を揺らさない」ということ。これほど優しく洗顔するのがポイントです。

クレンジング剤や洗顔料は、毛穴の中に入っても大丈夫な、肌によい成分のものを選んでいただきたいと思います。

Recipe9

私にとってサプリメントは7番目のスキンケア

肌を美しくすることは、内側から活性することも大切な要素です。

私はドクターリセラのADSを使っていますが、ADSは使う順番があって、1番から6番まで番号が振ってあります。

私のスキンケアの7番目は、ドクターリセラのサプリメント「美肌プラス」と「美肌コンセントレート」を摂ることです。

外側からのADSのケアに加えて、内側から細胞や血流の活性化を促し、内側からのターンオーバーを心がけています。だから私にとってサプリメントは7番目のスキンケアアイテムなのです。

Recipe10

エステに行くのはなんのため？

エステティックサロンはなんのために存在するのでしょうか。

もちろん忙しい女性にとってひと時のリラクゼーションのご褒美という意味もありますが、エステティックは肌を元の元氣な状態に戻すための大掃除のようなものでもあり、肌の状態をチェックして、より日々のスキンケアが肌に浸透しやすい状態にするための角質のケアをします。

日々のケアに加え、大掃除のようなケアも欠かせません。エステティックサロンは、肌のお手入れはもちろん、自分のライフスタイルに合ったスキンケア製品の使い方や使用量についての相談、なりたい肌へのプログラムをエステティシャンと一緒になってつくっていく場所です。

時にはプライベートな相談もしたりしながら、心をとき放つ場所でもあるのです。

ドクターリセラのお取り扱いエステサロンには、SFCという資格を持ったスキンフィットネスカウンセラーが常駐しています。

肌状態やライフスタイルを相談しながら、月に1度か2度のサロンケアで自分の心と体をとき放ち、エステティシャンに身を委ねて自分の肌と体をいたわってあげることも大切です。

Recipe11

積み重ねが一番。だから、ホームケアが大切

エステティックサロンで、肌の大掃除やお手入れをすれば、日頃のスキンケアは少々手を抜いてもいいのかなと思いがちですが、毎日のスキンケアの積み重ね

こそが、美しい肌への近道です。

Recipe12

代謝を上げて健康的になる。温めて清めるスキンケア

肌の健康的な美しさは、外側からのアプローチもですが、内側からの活性を高めて、代謝を上げていくことも大切です。

体は内側から温めることで毛穴が緩まって開いて、心も開いていきます。私はドクターリセラで「美菰」という真菰《まこも》蒸しを週に1回のペースで受けることで、体の代謝を上げています。

真菰は、出雲大社の本殿の大しめ縄にもなっている神高い草。

この真菰の葉と根っこを乾燥したものと、リセラウォーターと鉄を蒸して蒸氣にして、経皮粘膜からその蒸氣を浴びます。

子宮は女性の中のお宮さん。その子宮から体を温め、心を緩めて清め、本来の

自分に返る時間をつくっています。

素の自分に戻るための大好きなアイテムのひとつです。

Recipe13

発酵食を食べて美腸&美肌

肌の美しさは、腸の美しさともいわれているほど密接に関係しています。日本人の肌が美しいと賞賛されるのは、日本の美しい水を飲んでいることと、昔から発酵食品を摂っていることに由来するのではと思います。

このことはあとの章でも触れますが、わが家では一日1食は発酵玄米と味噌汁を摂るように心がけています。

腸を美しくクリアな状態にすることも、素の自分になれる大切な要素です。

VI

〈ＫＹＯＫＯスタイル〉美肌の習慣

自分と向き合い、内側から輝く11のレッスン

日々の暮らしの中で「愛」を放って生きるヒント

人は誰もがもともとは愛の存在です。

量子力学に素粒子という言葉があります。

素粒子とは物質を構成する最小単位の粒子のことで、この世に存在する目に見える物質や人間も、目に見えない愛もすべて素粒子でできていて、すべて振動しています。

私の理解では、人間も生きとし生けるものすべて、もともと「愛」いう素粒子の存在。

だけど人間は生まれてから、たくさんの制限や比較によって、「恐れ」の素粒子が愛をおおって、愛が見えにくくなっていきます。
もともとある「愛」の素粒子を思い出すのに必要なのが自然に触れること。

水は「自ら」
木は「氣」
火は「光」

水に触れ、光を浴び、自らの氣を整える。

森の中や海のそばにいると、心地よく感じたり、ほんとうの自分に返っていく氣がするのは、人間も自然の一部であり、自分の中にある愛に氣づくから。
とはいっても、毎日の暮らしの中で、いつも森や海にいることができるわけではないですよね。

ドクターリセラの製品はすべて天然の成分でできていますから、ドクターリセラのスキンケアでも自然とふれ合っているのです。自然なものを肌につけ、体に染みこませることで、自然と一体になり、自分のなかにあった「愛」が育っていくと感じます。

スキンケアで自分の中にある「愛」を見つけ、育てていくと、おもしろいように自分の行動が変わってくるし、行動が変わると、おもしろいように心が軽やかになります。

毎日の暮らしの中で自分の中にある「恐れ」を手放して、愛の素粒子をもっともっと放出できるように実践している方法をいくつか紹介していきますね。

Lesson1

朝、今日も目覚めた自分にありがとう

私が朝起きて真っ先にすること。

それは、目が覚めた自分に「ありがとう」と声をかけます。

今日も目が覚めて、生かされている自分に「ありがとう」の声をかけること。

自分の口から出た言葉を、自分の耳が聞いています。

「ありがとう」の美しい言霊《ことだま》の振動が耳に伝わり、細胞に伝わり、今日のエネルギーになっていくと思っています。

実際に朝から「ありがとう」という言葉を発していると、自分が心地いいし、それが習慣となっていくと、「ありがとう」と言いたくなる場面が次々と起こるのです。

Lesson2

どんな日も、窓を開けて新鮮な空氣を入れる

ベッドから出たら、まず窓を開けます。

夜の間に室内にたまった空氣を外に出して、新鮮な空氣を取り込むのです。

暑い日でも寒い日でも雨の日でも、ためらわずガラーッと大きく開けてしまいます。

窓を開けることで部屋の空氣が一新します。

朝は自分自身が生まれ変わる時間なので、新しい空氣や光に触れたいと思うのでしょうね。窓を開けて自分自身の氣持ちも入れ替えています。

Lesson3

毎日、美しい水を摂る

地球は水の惑星。地球の7割は水。そこに住む私たち人間の体も細胞も、水が7割を占めています。私たち人間は水でできているといっても過言ではありません。

だから、どんな水を摂るかがとても大切です。肌の状態、体調もすべて水の影響が大きいのです。

どんな水を摂るかは、美肌への重要なポイントです。日本人の精神性の美しさ、肌の美しさは、水の美しさに比例していると感じます。

◆毎朝、常温で1杯の水を飲む

私は朝もお風呂に入りますが、その前に必ずコップ1杯の常温のリセラウォーターを飲みます。

その時にも、ちょっとした大切なコツがあるんです。

冷たい水ではなく常温で飲むのは、体への吸収がよいからです。

水に「ありがとう」という言霊を伝えて、水に愛の振動を送ってから、舌下に含ませてから飲み込むというやり方で、コップ1杯分をゆっくりと、水が体に染み込んでいくイメージで飲み込みます。舌下は粘膜でとても吸収がいい場所で、体への染み込みもよいのでそんな飲み方をしています。

ただ、どんな水でもよいわけではありません。体に吸収していく水ですから、私はリセラウォーターを飲みます。

硝酸態窒素（発がん性があるといわれている）や塩素が入っていないものを選ぶこと

をおすすめします。

朝一番に摂る水分はとても大切です。眠っているうちに汗などで体から水分が抜けていき、朝は吸収しやすい状態になっているので、その時に何を飲むかによって体が変わります。

水は、飲むと瞬時に体内の細胞に行きわたります。朝1杯だけでも美しい水を体に入れていくことが大切です。

Lesson4

お風呂で瞑想タイム。水と一体になる時を持つ

お風呂に入る時は、「ありがとう」という言葉をかけたリセラウォーターを少し入れています。お清めとして塩、バスソルトも入れています。

水には波動を転写する作用があります。

というわけで、「ありがとう」という言葉の波動が入った水をお風呂のお湯に加えて、その波動の中に全身を浸すようにしています。

◆自分の心と向き合うお風呂瞑想

湯船に浸かっていると、水と自分が一体になっている感覚が生まれてきます。まるで母親の胎内で羊水に浸かっているかのようです。その心地よい静寂の中で自分と向き合います。

湯船に入ったら、その中で汗をかくまで静かな時間を過ごします。目を閉じて自分の鼓動を聞いているうちに、だんだん代謝が上がって、汗がにじみ出て、毛穴が開いてきます。

この時は、何かを意図したりはせずに、バスルームの窓を開けて、聞こえる物音や自然の音、鳥のさえずりや水の音を楽しみながら、自分と向き合うようにしています。

毛穴の中からいらないものを出すと、自分の心も素に近づいていくと感じていきます。

毛穴も開いて、汚れが出やすくなると、自分の心の中にある汚れも浮き上がってくるといったイメージです。

◆インスピレーションがどんどん湧いてくる

人はみんな愛の塊です。自分の中心には愛の塊が内蔵されています。

でも、「これをしてはいけない」「こうするのが当たり前」「こっちが正義」というふうに、どんどん殻をつけて鎧をつけて、ほんとうの自分、ほんとうの愛が見えづらくなってくる……。

しがらみとか、「あれはダメ、これはダメ」と自分を縛っている優しい自分をよしよしと認めて、たまったものに感謝して、「ありがとう」を言って捨てる。

そうすると本来の自分が見えてきて、「ああ嬉しいな、楽しいな、幸せだな」と感じると、自分の能力がどんどん発揮されていくのです。

こうして空白になっていると、私の場合、たくさんのひらめきがやってきてくれるのです。

新しい企画や、人に喜ばれることや、楽しいこと、ワクワクするアイデア……。なんの意図も力も入っていない時にやってくるひらめきは、次から次へとです。

江原啓之さんとラジオ番組をやっていますが、その挿入歌も、お風呂に入っている時に曲も歌詞も浮かんできたものを使っています。

いらなくなったものを手放して、素の自分になれる時間だからかもしれません。

◆お風呂の途中と後にダブル洗顔

「自分の心と向き合う時間を持つ」ことが、お風呂タイムの一番大切なポイントですが、ここでは、朝のお風呂での具体的美容スキルについてもお伝えします。

湯船に浸かって毛穴が開いた頃に、いったんお風呂から出て、軽く朝のクレンジングをします。クレンジング剤とソープを使って、まずは肌の表面の汚れを取ります。

お風呂に戻ったら、髪を洗った後でもう一度ダブル洗顔します（肌質によっては、2度のクレンジング洗顔で肌荒れを起こす人もいます。肌質が弱い人は無理に2度行わないようにご注意ください）。

十分肌が温まり、毛穴の中にたまったものが出やすくなっているので、毛穴の奥を洗うイメージで、ソープで洗い流します。

シャンプーやコンディショナーなども、石油系のものではなく石けん系のもので、もちろんすべて自社製品を使います。

◆朝と晩の2回お風呂に入るわけ

毎日朝晩2回湯舟につかる入浴をしています。

江原啓之さんも、そうしているとおっしゃっていて、それが神道でいう清めや祓《はら》いになるのだそうです。

私の場合は、それを意図して朝晩のお風呂習慣を始めたわけではありませんが、自分が清められ、浄化されていくので、心地よくて、長年続けています。

夜は就寝前に入浴しますが、お風呂の中で毛穴が十分に開いたら、朝と同じようにまたダブル洗顔で、毛穴の中を洗っています。

お風呂の時間は、洗うこともですが、自分と向き合う時間でもあるので、大切にしています。

Lesson5

お風呂&トイレの掃除で肌も心も美しく

湯船のお湯を流したら、お風呂の掃除。基本ずぼらな私ですが、一番ていねいにしているのは排水溝のお掃除です。ふたや網などのパーツを全部はずして、古い歯ブラシできれいにして、ぬめりがない状態にします。

それからお手洗いの掃除です。

私は、お風呂に入って体を清めてからお手洗いの掃除をします。

排水溝もトイレも、清まった状態の自分が掃除するほうが、その場所が喜んでくれる氣がしていますし、自分が心地よいからです。

◆「やらされている」のか、「やらせていただけている」のか

排水溝の掃除もトイレ掃除も、やってみると、結局自分が氣持ちいいということがわかります。排水溝をきれいに掃除することで自分の心がみがかれ清められるのです。

「やらなければならない」という感覚はなく、自分が氣持ちいいので、「やらせていただけている」感覚です。

トイレや床の掃除をすると、使っている時には氣づかなかった汚れや傷が目に入ります。

そのことは、鏡に映る自分を見た時の、肌のちょっとした変化やその日の氣持ちの変化に氣づきやすい自分につながると思うのです。

水に触れているので、その点でも自分の心を浄化していると感じています。

実際、排水溝やトイレの掃除を毎日するようになってからというものツイてることばかりの毎日です。心が純化するからでしょうか。

これも20年以上、当たり前に続けている習慣です。

「掃除をすると自然に体を動かすことができるし、自分の心も家も清まるし、みがかれて、心地いい」からで、楽しみながらやっています。

◆染み込みをよくするお風呂上がりのスキンケア

お風呂に入ってからお手洗いを掃除するのは、体のほてりを冷ますこともできるので一石二鳥です。

肌再生のスキンケアは、体温が高すぎない状態のほうが適しているからです。あまり代謝がよすぎる状態より、少しほてりを冷ましたほうがスキンケアの染み込みがよいのです。

トイレ掃除が終わるとほどよくほてりが冷めているので、ローションなどのスキンケアに取りかかります。

お風呂上がりは、毛穴もきれいになって開いている状態なので、肌が喜んでぐんぐんスキンケアの成分を吸収してくれるのがわかります。

夜も、お風呂上がりには基本的に同じお手入れですが、ここで重要なのは、私の場合は、3日に1度ぐらいのペースで、ドクターリセラのADSというスキンケアの、肌の奥にエネルギーを与えるスペシャルなケアを、楽しみながら、想いを込めながら行っていくのです。

Lesson6

たった5分でも、自分と向き合うスキンケアの時間を持つ

洗顔、クレンジングと、女性だったら、多かれ少なかれ誰でもスキンケアにかける時間がありますね。

同じことをするにしても、そこに込める想いがあるのと、ないのとでは、結果が大きく違ってくるのです。

私がすすめる「美肌の習慣」として、クレンジングの話は避けることができません。

Ⅳ章で「断捨離」ならぬ「感謝離」とお伝えした通り、クレンジングでは、いらないもの、自分がため込んできたものを感謝して捨てます。

そして、洗顔は「新しい自分に生まれ変わるよ！」という氣持ちで優しく優しく洗います。

スキンケアでも人生でも、私は「手放せば、また次にいいものが入る」の考え方が基本で、手放しておくことが大切だと思っています。

美容は、栄養や美容成分を肌に入れていくことがスキンケアの主流になっていると思うのですが、ただ入れるのではなく、感謝して手放し、新しい成分を入れます。

たった5分でいいからスキンケアの時間を、自分の内面と向き合う時間にすることで、毎日自分と向き合うことができています。

「子どもを送っていかなくちゃ」「この朝の忙しい時間に自分のことなんてしている場合じゃないわ」って、女性はいつも忙しい。

朝早く起きて、自分と向き合って、「私って素敵。さあ、今日も一日喜んで生きていこう」というような時間をちょっとでもいいから持とうとすることが大事だと思って実行しています。

Lesson7

ランチは発酵玄米にお味噌汁。一日2食、楽しく食べる

食も美容には大切な要素です。

現在の私は一日2食。夕飯のあとの食事は次の日のお昼。

今流行の、たとえば夜の8時に夕飯を済ませたら、翌日の昼12時まで何も食べないなど、一日の中で16時間何も食べない時間をつくる「16時間断食」とほぼ同じでしょうか。

夜から昼まで、ご飯を食べずにつくる空腹の時間は、体の中をお掃除する時、デトックス・タイムで、午前いっぱいは体の中で掃除が続いています。

還暦を過ぎて、体をいたわる、胃や腸をいたわる意味でも、少しお休みの時間を取るようにしています。

朝は、リセラウォーターや「美肌コンセントレート」という栄養ドリンクを飲むだけにしています。

ここでもスキンケアと同じ、排出したからこそ、栄養分が入ってくるという考えです。

昼は、出張などで食べられない時を除いて、発酵玄米にお味噌汁、「リセライーツ」の添加物のないお惣菜や、無農薬野菜や自然食品にこだわった和食レストラン「紡生《つむぎ》」の西京漬など。味噌汁も発酵食ですし、なるべく発酵食を食べ、そして、なるべく添加物のない食品を摂るようにしています。

体の中を発酵状態というか、腸で善玉菌が働き、ヒトにとってよい成分を生み出すことのできる状態にしておきます。

あと、なんといっても大切なのは、ストレスのない状態で楽しんで食べること。「私は発酵食しか食べません」ということではなく、みんなとレストランに行くこともよくあります。

自分にストレスをかけずに、これを食べたほうが自分の体は心地いいよね、というところでの食生活です。

Lesson8

甘いもの、間食は、なるべく控えめに

私は幼い頃から、甘いものがあまり得意ではなく、間食の習慣もなく、都合のよい体だったと最近になって氣づいたのですが、このことも、私の今の肌の状態につながっているのかもしれません。

アンチエイジングの研究が進むにつれ、注目を集めている「糖化」という考え

方があります。糖化は、白砂糖などの糖分が体内のたんぱく質などと結びついて、細胞などを劣化させる現象。これが肌のシワやくすみ、シミ、たるみなどとなって現れます。

糖化を意識していたわけではありませんが、無意識のうちに実践することになっていたように感じます。ただこれも甘いものは絶対に食べませんというものではなくて、たまにはデザートをいただくこともありますし、果物などのいただきものは感謝していただきます。

これも「甘いものは食べません」という縛りではなく、ストレスフリーの状態が一番。自分の体と相談を。

Lesson9

「これでよかったね」で言葉を締めくくる癖をつける

皆さんもご存じだとは思うのですが、言葉は人生に影響を与えますよね。

起こったことに対して、「こうしなければいけなかったんだ」「こういうことでなければダメなんだ」より、何があっても、最後に「これでよかったね」と締めくくるようになりました。

というのは、以前はそうではなかったのですが、日常に起きる嫌なことやへこんだことを「よかった」という言葉で終わるようにすると、自分のへこんだ氣持ち、落ち込んだ氣持ちが一瞬にして明るく変わることを発見したのです。

単純な私のこと、その効果はてきめんで、身の回りに起こることすべてがよいことに変換されるから、まるでゲームみたいに楽しんでやっているうちに、それが習慣になって、いつも私の周りよかったことであふれているようになりました。

たとえば、いったん家を出たのに忘れ物に氣づいて、取りに帰ったとしましょう。「あーあ、忘れるなんてダメだなー」とつぶやくより、「駅に着く前に氣づいてよかった。これでよかった」と思うほうが人生を明るく豊かなものにします。

「まずい！　困った」という状況であっても、「これでよかったんだ」「氣づけてよかった」と思うことは、自分の心持ちだけでなく、「それがあったからこそ今があるね」「そうだねー」と周りの波動も変えていきます。

言葉が現実をつくります。

文字も私たちに影響を与えます。

私は通常、「気」ではなく「氣」という漢字を使うようにしています。

「気」は「气（きがまえ）」に「メ」と書きます。「メ」という文字には「メる（しめる）」という意味があり、「気」は、エネルギーを外に「出さない」ようにするための文字です。

一方、「氣」を見てみると「气（きがまえ）」に「米」と書きます。「米」は「八方に広がる」という意味を持ちます。つまり、「氣」は、エネルギーが「八方に広がる」という文字だからです。

言葉が習慣を、習慣が人格をつくるといわれるように、美しい言葉や運を呼び込む文字は自らの周波数を高め、細胞も活性して、肌も体も活性してくれることにつながるのです。そして、出会い、人間関係、人生、運命など、あらゆることを好転させていくのです。

Lesson 10

思い立ったら迷うことなく即行動

小さい頃の私は、相当な引っ込み思案でした。

家にいても家族もどこに私がいるかわからないほどで、「協子ちゃんどこにいるの」といつも言われていました。

今思えば、その頃は、「いい子でいなくっちゃ」「ほめられるように、言われた通りにしとこ」と自分の感情を抑えて、いい子いい子にしていた自分がいました。

自分の肌が変わったことで思考の癖も変わって、自分の想いのままでいいという自信がつき、行動への迷いもなくなりました。

何かを始める時でも、女性から、「夫に相談します」とか、「家族が反対するし」という台詞を聞くことがあります。

「ほんとうは自分が何をしたいか」が大切です。他者がどう言おうと、自分のことは自分が決める。自分の人生なんですから。自分で決めて進むことです。

そうすれば何があってもその答えを出した人を責めることもないし、すべて自分が出した答えの結果だと納得できるからです。

私は、素の自分を取り戻せたことで、自分の想いのままで大丈夫という自信と、それを臆せず行動に移せるようになりました。そして、そのことでさまざまな出会いとチャンスをつかんでいます。

◆頼まれごとは試されごと

「頼まれごとは試されごと」という言葉がありますよね。

できると思う相手だから頼まれるのです。頼まれるということは、その人への期待の表れです。

頼まれた時は、「めんどくさいなー」「なんで私がやらなくちゃならないの」と思いがちですよね。

私はドクターリセラのイメージモデルを15年していましたが、自分から希望したわけではなく、さらにいえば、目立つこと、前に出ることは、あいさつでさえ赤面するぐらい苦手だったんです。

ただ、私がお役に立てるとすれば、結果を出した自分の肌を見てもらうこと。ほんとうに自分の肌と心で感じた体験を正直に話し伝えること、真実と自分の感動だけを一点のくもりもなくお伝えすることだけは自信がありました。

エステティシャンの皆様などに「協子さんがモデルになって、真実を伝えて」とすすめられた時、自分でできることはやってみようと思いました。

苦手なこともやってみると、少しずつ実になり、「試されごと」となり、ついには自信になりました。

経験には何ひとつもムダはないとつくづく思うのです。

頼まれたら「はい!! 喜んで！」とニコッと……。そこには経験という宝がついてきます。

Lesson11

みんな違うからみんないい

私が本を出版をしたり、ドクターリセラのイメージモデルになっていたりしたのは、私に特別に優れた才能がなかったからなんだと思っています。

化粧品づくりが得意とか、経営術に優れたノウハウがあるとか、スタイルや顔がバッチリなどということはなく、ただ肌トラブルのデパートの人だったからです。

そんな何も持たない普通の主婦の自分がお役に立つのならとモデルになり、自分が体験して、ほんとうに人生が変わったということが伝わることで、こんなごく普通の女性でもノーファンデーションになれて、生き生き生きていくことができる勇氣をみんなに与えることができるなら本望。私が特別な才能のない一般的な人だから、「奥迫協子にできたんだから私にもできるよね」という可能性を感じてもらえるのなら嬉しいと。

日本の学校教育では、ひとつの基準やテストがあって、その基準に合っているか合っていないか、テストができた子、できなかった子と判別されます。

その基準に合わなければ、自己肯定感が下がり「もう私はダメな子なんだ」「自分なんて」となりがちです。

一方、多くの海外の学校では、個性の違いを見つけるのが先生の役目です。

日本では個性ではなく、ひとつの集団の中で、できる、できないを比べます。できる、できないに目を向けるより個性を引き出し合うと、ひとりひとりに優れた部分がありますからそれを分かちあう、つまり、与え合う世界になっていきます。

今自分をダメだと思っている人もいると思います。

私は決して学校で勉強ができる子でもなかったし、運動も競争ではいつもビリ、顔もスタイルも特別なこともなく、表彰やほめられることもほぼ皆無。同級生でも私の名前を覚えている人もほぼいないのでは？　と思うほど目立たない自信のない子でした。

ただそれも他人との比較、競争の中で生まれた「人と比べての自分」というものの中で、自分の中にある個性、可能性をないものとして隠してしまっているのです。


私は素肌と素の自分を取り戻すことで、自分の内側にある「愛」を見つけることができました。

まだ自分は殻の中にいると感じたとしても、この世に生まれてきたこと自体が希少ですごい確率です。存在しているだけでいいんです。そして、もし自分の得意やワクワクすることが見つかったら、それを楽しんでいけばいいのです。

存在しているだけでOKなのだけれど、私の場合は、素の自分になった、素肌になって鎧が取れたことで、自分の役割がわかってきました。

「素肌のままで、私のままで」は私にとっての大切なキーワードです。

VII

ほんとうの「愛」をもたらす美肌人生

素肌のままで、私のままで生きる

ひとも地球も幸せに
——天からもらったメッセージ

「ひとも地球も幸せに、ドクターリセラ」というフレーズはドクターリセラ社のコンセプトです。これを私は水から贈られたメッセージだと思っています。

ある朝、いつものようにお風呂に入り、まさに「水」に浸かっていた時に、水からのメッセージのように詩とメロディーがひらめいたのです。

急いでお風呂から上がって、このフレーズを歌ってスマホに録音。それをレコーディングし直して、江原啓之さんとのラジオ番組、ドクターリセラプレゼンツ「江原啓之おと語り」オープニングのサウンドロゴとして流すようになりました。

江原さんに「この歌の前の部分もつくってひとつの曲にしたほうがいいよね」

と言われて、何年か経ってしまいましたが、ある日突然、江原さんから連絡が来て「夢枕に来た」といって「天のしずく」という歌をプレゼントしてくださったのです。

天のしずく（作詞作曲：江原 啓之・奥迫 協子）

天のしずくが大地に
うるおいを授けました
そこから花が咲きました
みんなが笑顔になりました
ひとも地球も幸せに

天の種（いのち）が大地に

ふりそそぎ宿りました
そこから糧（かて）が実りました
みんなが健やかになりました
ひとも地球も幸せに
ドクターリセラ

この歌を聞いた時、人の命の真理を感じて涙があふれました。

この歌の「天のしずく」とは、ひとりひとりの命のことを歌っているのだと。

「ひとも地球も幸せに」というワンフレーズにあとからつけ足した形の歌とメロディーでしたが、最初からひとつの曲だったみたいにぴったりなのです。


この曲をたくさんの方々と一緒に歌って、マイケル・ジャクソンの"We Are The World"のように、その音霊《おとだま》を波紋のように世界に広げていきたいと願っています。

私は、人間の幸せの根幹にあるのは、素の自分に戻ることだと思っています。ほんとうは、誰もがそのままで美しい存在として、天のしずくとして生まれてきているからです。

生まれてきたお役目を知り、その使命を果たす

私自身、これまでの経験を通じて、添加物のない化粧品や自然からいただいたものは、体や肌が喜ぶことを実感しています。

それは人間が自然の一部だからということを身をもって体験させてもらったので、図らずも、自分たちが扱う化粧品のモデルも務めました。

ほんとうはとても引っ込み思案で、前に出ることなど少しも考えていないので

すが、きっとそういうお役目があったのだと思います。

そのお役目とは、「ひとりひとりが唯一無二の大切な存在。素のまま自分のままでいい」ということを体現していくこと。

「ものに託してそれを伝えるとしたら、それが化粧品だった」ということです。

そして、化粧品のモデルとして人前に出させてもらったことで、たくさんの方が私を知ってくださいました。

私が伝えたいことも同時に受け取ってくださっていると信じていますし、そのために、自分がいろいろな体験を積み重ねさせてもらったと感じます。

自分で決め、自分に責任を持つ生き方

世間的には、我慢したり頑張ったりすることが美徳で、「我慢しない」という生き方は怠け者、甘えているように見られがちです。

でも、「我慢しない」というのは自由であって、自分に責任を持つということです。

家族や、親や、誰かのために我慢しているという考えは、見方を変えると人に責任を転嫁することになりますね。

「自分で決める」というスタンスは自由でもあり、自分で責任を取るということで、その結果がどんなものであっても納得なのです。

自分を愛することは自分の命を輝かせること

女性たち、とくに日本人で私たちの年代の人たちは、戦中戦後の親に育てられて、「女の子でしょ」とか「お姉ちゃんらしくしなさい」とか、自分は犠牲になっても、人を優先するのが美徳だと教えられてきました。

多くの人は、まだそういうものが自分の中に残っていますよね。

自分を愛して自分を満たすことは、わがままでもエゴでもなくて、それが周りを幸せにする原動力になるのです。

エステで自分みがきをして、美しくなること、その喜びが心を満たし、周りの人を幸せにしていきます。

とらえ方、表現の仕方によって、「わがまま」と思われるかもしれないですが、周りを顧みないわがままとは違います。それは、自分を愛して満たして、あふれるものを周りに広げること。

自分を愛することは、自分の命を輝かせることなのです。

すべての女性が、自分を愛して、誇りを持って生きていってほしいと心から思います。

女性が美しくなることが世界に平和をもたらす

「自分がきれいになることは、家族のためになること、人のためになることだから、自分たち女性が美しくなって喜んで生きることが世界平和につながるんです」とお伝えしています。

エステに行くとか、スキンケアを学ぶとかが贅沢やエゴに感じられて、尻込みしてしまう方もおいでになると思うのです。

でも、最初は、自分がきれいになりたいという動機でも、やがてそれは自分の命を輝かせ、周りの人を照らしていくことにつながります。

お母さんやお姉さんがいつも輝いて笑っていたら、周りも笑顔。女性がきれいになることは世界平和の種なのです。

ドクターリセラのＡＤＳ製品には、リセラポイントが付いていて、私たちがポイントに応じた金額を、社会貢献活動に役立ててもらっています。たとえば、３・11の震災孤児支援のために寄付させていただきました。

自分がきれいになると同時に、社会貢献もしているという点にも、意義を感じられているお客様もいらっしゃいます。

周波数が同じ人との出会いが人生を変えていく

すべてのものに振動があって、人もそれぞれ振動していて、そこには周波数があります。同じ振動周波数を出している人同士が引き合うといわれています。だから同じ周波数の人と出会うと心地よくて、心地よいからそこにまたよい化学反応が生まれていくというサイクルができているのです。

たとえば、音叉《おんさ》を2つ立てておいて、ひとつを鳴らすと、隣の音叉も共鳴して鳴り出しますよね。ラジオやテレビの周波数もそうで、そのチャンネルに合わせれば、聴きたい見たい番組を視聴することができます。

同じように、自分の出す周波数によって、出会う人が変わってきます。

悪口やグチを好む人よりも、自分たちの未来に向かって何かをしている人や、「あの経験は大変なこともあったけど、こういうものが得られてよかったよね」と、話をプラスに転換できる人たちといると心地よい自分でありたいものです。

周波数の同じ人、想いの同じ人たちはつながっていくし、その空氣は心地よいと感じます。素の自分にさせてくれる人、自分を成長させてくれる人、それに、志を同じくする人は一緒にいて心地いいし、そこから生まれる新しい発想や出会いなど、想像もつかないような化学反応が生まれてくるのです。

ただそれは、ずっと一緒にいるとか迎合することではなく、それぞれの分野でそれぞれが自分の得意とする分野で活躍しながら、必要な時にはすっと集まって得意を「与え合う」世界なのです。

中心に持っているもの、たとえば「人の役に立ちたい」とか、「人に喜んでもらうことが私の幸せ」と思うとか、その軸が同じだから、それぞれ表現の仕方や好きなことが違っても、そういう人たちといると心地よいし向上していくことができるのです。

そして、ドクターリセラ取扱いサロンのエステティシャンの皆様が集まって行っている勉強会でも、まさにそんな光景が毎回繰り返されています。ライバルともいえる他のエステティックサロンさんのために、そこに通われるお客様のために、自分の出した結果へのノウハウをすべて公開して与え合う勉強会なのです。

会社に集まっている人たちにも同じことがいえます。

広報にしても、会社の軸にあるもの、私たちが伝えようとしていることもわかってくれているし、ＩＴ関係や総務部はじめ大勢の社員さんがいますが、みんな同じ軸を持った上で、自分の能力が発揮できる部署で〝志事《しごと》〟をしています。

事に仕える〝仕事〟ではなく、志を事にする〝志事〟です。

「素の自分」＝「運のよい自分」に、さあ戻ろう

私も昔はツイていないことを嘆くことがありました。

最愛の父とは早くに別れることになるし、財産争いに巻き込まれるし、母はいつも「困った、困った」と言うし、学費を捻出するためのバイトでクラブ活動もしたことがないし……。「なんで私ばかり」と思うこともよくありました。

ただ、そういうこともすべて今の私をつくってくれていること、今はその経験にすべて感謝でしかないのです。

そんな経験から、すべてはよきことのためにあると信じていて、人の身の上話を聞いても、よかったことととらえています。

この間も、ある社員から「私、離婚したんですよ、ちょっと人に言えなくて」と打ち明けられた時、私の口から出たのは「よかったね、おめでとう！」という

言葉。

「そんなこと言われたの、初めてです」

「だって、区切りをつけて新しい自分になれるし、新しい出会いが待ってるじゃない。よかったね！」

前にも書いていますが、私たちは、この世に生を受けた確率からして、「生まれてきている」というだけで、運がいいにもほどがあります。

奇跡の中の奇跡の中の奇跡の中で、代表として生まれてきています。

もう、なんにもしなくても、何かを残さなくても大丈夫。あなたはあなたで、ほんとうにそのままで大丈夫。私は本氣でそう思っています。

「代表で生まれてきたのだから何かしなきゃいけない」「何も残せていない」「私には何も目標がない」と思う人もいるでしょう。

私自身も、偉人になったわけでも、何かすごいものを発明したわけでもないし、吹けば飛ぶような存在です。
それでも、私は私、これでいいと思っています。

「あなたはこうしなきゃダメ」とか、「私はこうするべき」というのがない世界。「そのままのあなた、そのままの私でいい」というのが私流です。

この本には「素の自分」という言葉が何回も出てきます。自分にウソをつかない、忖度《そんたく》しない、素の自分でいることの幸せを、私自身が実感しているからです。

人と自分を比べたり、自分が持っていないものを数えることにエネルギーを注ぐのはもったいない。そのエネルギーを、自分を好きになることに使いましょう。

あなたが一番ワクワクすることはなんですか？

「年相応」よりも等身大の「私相応」

「年相応」という言葉があります。

その年齢なりにというか、その年齢にふさわしい自分であるべきというニュアンスで使われますよね。

今日の私の姿は、レースたっぷりのピンクのワンピース。私は、年相応より「私相応」が素敵と思うのです。

もちろん、女性は「何歳になっても美しくありたい」と願うのは自然なこと。私は素のままの自分が美しいと思っているので、年齢相応ではなくて、私相応の美しさがあったらすべてよし。すべてそれで大丈夫なのです。

だから、人に対しても自分に対しても、年齢と照らし合わせて「こうでなければ」という発想は出てこないのです。

一般的な「年相応」の基準に自分を合わせて評価するより、「私相応」「私らしく」が素敵。

他人軸ではなく、自分軸。世間の尺度に合わせるよりも、素のままの自分で「心からこうありたい」という想いのままに生きていく。私はそうありたいと思うのです。

60歳を機に始めたこと
恩返し、恩送り。

私は60歳を機にドクターリセラの広告塔をやめ、スキンケアも含めて、食や人としてのあり方など、さらに広い視点で人と地球への貢献に力を注いでいきたいと思うようになりました。

自分たちが今まで受けてきた恩恵を今度は恩返し、次世代の子どもたちに恩送りしていくフェーズになっています。

「ネイティブアメリカンは7代先のことまで考える」といいますよね。

スキンケアを通して知ったことをさらに進化させてお伝えすることを実践することで、恩返し、恩送りしていきたい。社会貢献にシフトしていきたいと思ったのです。

今取り組んでいることのひとつが、女性たちがほんとうの自分をもっと大事にできるようにお手伝いをするコミュニティの場をつくることです。

女性はどうしても、自分は二の次で家族や周りの人ばかり優先しがち。そういう自己犠牲を払う日常から少し離れて、自然の中で自分の内側と対話する場になればと思っています。

誰ひとり、なんの例外もなく「愛」の存在として生まれてきました。

スキンケアは、自分が素に戻るひとつの手段です。

「こうでないといけない」とか「こうしなきゃいけない」という制限をはずした

世界。そこには、ありのままで心地よく生きている自分がいます。

私は素肌の自分を取り戻すことによって、今まで自分で抱えてきた、なくてもよい見栄や飾りや何よりファンデーションで肌を隠す「鎧」がはずれました。同時に心の「鎧」もはずれていって、自分の真ん中にあるほんとうの自分、ほんとうの「愛」に出会えたのです。

さあ、ご一緒に、ほんとうの自分に出会う美肌のレッスンを始めましょう。

おわりに

「愛」が輝きあふれ出す

人は何のために生まれるのでしょうか。

私は「愛し合うために生まれてきた」と思うのです。これは、男女のことばかりではありません。生きとし生けるものすべての命、地球のことです。

赤ちゃんの、清らかな水のような純粋無垢な笑顔は誰をも幸せにします。赤ちゃんは何者かと戦いたい、比べたいと思っているでしょうか。

生まれた時に持ってきたものは純粋な「愛」の心だけ。戦争するため、競い合うため、奪い合うために生まれた命なんてひとつも存在しません。

比べて競争すること、物資や名誉をたくさん持つことが成功者として認められている社会の中で、負けてはいけない、勝つためにどうするか？　という「恐れ」の感情に支配されて、いつの間にか誰もが持っている心の真ん中にある、大切な大切な「愛」が見えにくくなっているのではないでしょうか。

私は子どもの時のような素肌を取り戻したことで、自分の中にある子どもの頃のような「純粋」な感性があることに氣づきました（と思っています）。

これは私だけではなく、ドクターリセラのスキンケアとエステティックサロンとの見事なコラボで、もともとの肌を取り戻して輝いて生きる多くのお客様が身をもって体感しています。

それは「恐れ」のない心地よくて優しい感情。

あー、私のままでいいんだー。

大丈夫なんだー。

と、すーっと肩の力が抜けたんです。

スキンケアで子どもの頃のような素肌を取り戻した私の行動が、さらに地球も喜ぶことにつながって、自分の真ん中にある「愛」というものを思い出すことで氣づいたのです。

自分がどうなりたいのかは自分の心がすべて知っていていること。
すべての答えは自分の中にあること。

それを知り、私だけのものにするのはもったいないと思い、この本を書きました。

誰もが持って生まれてきた「愛」を、思い出す術をひとりでも多くの方が実践することで、もともと持っている真ん中の「愛」が光輝きあふれ出し、常識やしがらみという殻を脱ぎ捨てることで、この世にやってきたほんとうの自分が発揮されて、周りの人や環境を光り輝かせます。

それぞれの持てる能力を「与え合って愛し合う」平和な世界実現の種になっていくと信じています。

本来の自分に戻るための私のレシピが、少しでもあなたの真ん中にある「愛」の発見と再生のお役に立てば幸いです。

素肌のままで、私のままで……。

奥迫協子（おくさこ きょうこ）

ドクターリセラ株式会社　常務取締役
1961年浜松市生まれ。30代のシングルマザーとして働く中、両頬に大きなシミを発見し、以来、コンシーラー3重、ファンデーション2重の重ね塗りで、コンシーラー1本を1週間で使い切るほどの厚塗りメイク生活に。「ほんとうに素肌からきれいになれる化粧品を自分でつくってみたい」という漢方薬局の経営者（現在のドクターリセラ社長）と偶然出会い、共感し、ともに化粧品づくりの夢をスタートさせる。その開発プロセスで、アメリカの肌再生スキンケアと出会い、肌が劇的に変化。その後、日本人にあった無添加で安全、しかも結果がでるドクターリセラのプログラムが完成。

還暦を越え、孫5人を持った現在もノーファンデーションであり、本書では、素肌を取り戻すことで、自分のままでもっと輝いて生きられることを説く。

ビューティーライフクリエイターとして心地よく美しく暮らすための提案も行っている。

著書に旧姓の城嶋協子で『お肌と人生が変わる 奇跡のスキンケア』（現代書林）、ペンネームの城嶋杏香で『魔法の泡立ち！　幸せのスキンケア』（主婦と生活社）、『肌力　ノーファンデーションで行きましょう！』『肌力2　ノーファンデーション主義』（マガジンハウス）がある。

〈リセラ スタイル〉美肌《びはだ》のレッスン
62歳 素肌のままで、私のままで

2023年12月31日　初版発行

著　者……奥迫協子《おくさこきょうこ》
発行者……塚田太郎
発行所……株式会社大和出版
東京都文京区音羽1-26-11　〒112-0013
電話　営業部03-5978-8121／編集部03-5978-8131
http://www.daiwashuppan.com
印刷所……信毎書籍印刷株式会社
製本所……株式会社積信堂
装幀者……松田行正＋倉橋弘（マツダオフィス）

ISBN978-4-8047-6422-1